Lilou Macé

ENTDECKE DAS Geheimnis DEINER Weiblichkeit

Bibliografische Information der Deutschen Nationalbibliothek:
Die Deutsche Nationalbibliothek verzeichnet diese Publikation in der Deutschen Nationalbibliografie.
Detaillierte bibliografische Daten sind im Internet über http://dnb.d-nb.de abrufbar.

Für Fragen und Anregungen:
info@mvg-verlag.de

Wichtiger Hinweis
Dieses Buch ist für Lernzwecke gedacht. Es stellt keinen Ersatz für eine individuelle medizinische Beratung dar und sollte auch nicht als solcher benutzt werden. Wenn Sie medizinischen Rat einholen wollen, konsultieren Sie bitte einen qualifizierten Arzt. Der Verlag und die Autorin haften für keine nachteiligen Auswirkungen, die in einem direkten oder indirekten Zusammenhang mit den Informationen stehen, die in diesem Buch enthalten sind.

1. Auflage 2019

ein Imprint der Münchner Verlagsgruppe GmbH
Nymphenburger Straße 86
D-80636 München
Tel.: 089 651285-0
Fax: 089 652096

Übersetzung: Ulrike Strerath-Bolz
Redaktion: Petra Holzmann
Umschlaggestaltung: Maria Wittek
Umschlagabbildung: Yoni Egg Rocks
Layout: Cipanga
Fotos der Eier: Muriel Despiau
Weitere Fotos: Phi-Haï Phan
Illustrationen: Caroline Ayrault
Satz: ZeroSoft, Timisoara
Druck: Florjancic Tisk d.o.o., Slowenien
Printed in the EU

ISBN Print 978-3-86882-994-5
ISBN E-Book (PDF) 978-3-96121-306-1
ISBN E-Book (EPUB, Mobi) 978-3-96121-307-8

Lilou Macé

ENTDECKE DAS Geheimnis DEINER Weiblichkeit

Die erstaunliche Kraft der **Yoni-Eier**

mvgverlag

Inhalt

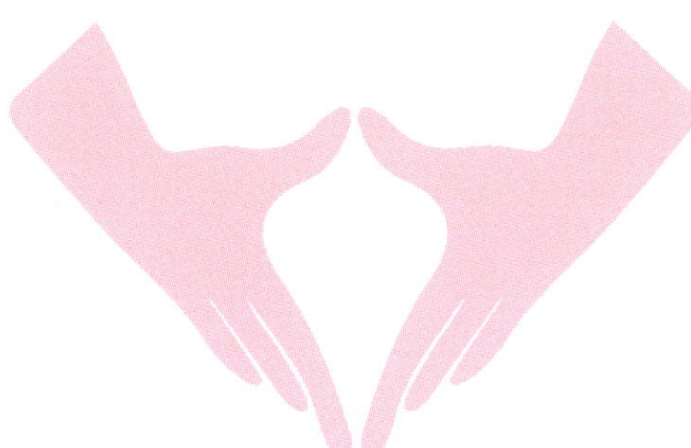

Hinweis

Die Praktiken und Techniken, die in diesem Buch beschrieben werden, sind nicht dazu gedacht, eine medizinische Behandlung zu ersetzen. Sie sollten mit Vorsicht angewendet werden. Wenn Sie an einer Krankheit leiden, die durch psychische oder emotionale Probleme hervorgerufen wird, wenden Sie sich bitte an einen Arzt oder Therapeuten, bevor Sie mit den Yoni-Eiern üben. Dieses Buch hat auch nicht das Ziel, medizinische Diagnosen, Behandlungen oder Ratschläge für Krankheiten, Befindlichkeitsstörungen oder Leiden körperlicher Art zu geben. Autorin und Verlag können nicht für die Folgen der Praktiken verantwortlich gemacht werden – vor allem nicht, wenn sich aus einer falschen Anwendung Probleme ergeben. Wenn Sie mit einem Yoni-Ei üben, tun Sie das auf eigene Verantwortung.

Vorwort

Vor langer Zeit richteten die Kaiser im alten China Harems ein, in denen die Frauen lebten, die ihnen Lust spenden sollten. Eine der unerlässlichen Fähigkeiten dieser Frauen war die Beherrschung der Praktiken mit Eiern aus Jade. Als Beweis dafür musste die Frau ein Ei aus Jade in ihre Vagina einführen, an dem ein Goldfaden befestigt war. Dann brachte man am anderen Ende des Fadens ein Gewicht an. Die Frau musste nun die Muskeln ihrer Vagina benutzen, um das Ei bei sich zu behalten – so lange, bis der Goldfaden riss, an dem das Gewicht angebracht war. Auf diese Weise demonstrierte sie die Kraft ihrer Vagina. Wenn eine Konkubine dazu in der Lage war, konnte sie auch den Penis des Kaisers nach Belieben massieren, wenn er in sie eingedrungen war. Das steigerte die Lust, sorgte aber auch dafür, dass der Kaiser nicht über den Punkt hinauskam, an dem er sich nicht mehr zurückhalten konnte. Denn es sollte nicht zu einer Ejakulation kommen – Schwangerschaften wollte man unbedingt vermeiden.

Ich habe von all dem durch meinen Tao-Lehrer erfahren. Er hat mir auch im Detail erklärt, wie man diese uralte Praxis aus der Zeit des Kaiserhofs für die eigene Gesundheit und für die Steigerung der Lust bei Frauen und Männern nutzen kann.

Nach Jahren der Erfahrung und aufgrund vieler positiver Rückmeldungen von Schülerinnen freue ich mich, dieses kostbare Wissen mit einer größeren Zahl von Frauen zu teilen.

Lilou hat wichtige und nützliche Informationen zu den Yoni-Eiern für die mutigen Frauen aufgeschrieben, die es wagen, zu experimentieren und sich auf die Wunder einzulassen, die die Praxis mit Yoni-Eiern für sie bereithält. Dabei geht es vor allem um Gesundheit und Lebenskraft.

Mantak Chia

lilou Macé®

In aller Intimität

Meine Yoni – was für ein freundliches Wort für den intimsten Teil meines Körpers! So viel Zärtlichkeit, so viel Komplizenschaft liegt in diesem Wort. Als ich zum ersten Mal mit klopfendem Herzen meine Hand darauf legte und freundlich »meine Yoni« sagte, spürte ich den Beginn einer sanften Gemeinschaft und eines neuen, leidenschaftlichen Kapitels in meinem Leben. Und ich fragte mich: Was hat es wirklich auf sich mit dieser geheimen Körperhöhle? Verbirgt sie tatsächlich mehr Geheimnisse als die Freuden der körperlichen Liebe?

Bei einer Reportage im thailändischen Chiang Mai vor einigen Jahren habe ich die Yoni-Eier entdeckt. Ich war sofort fasziniert von diesen kleinen eiförmigen Objekten aus poliertem Stein und wollte mehr über sie wissen. Und natürlich wollte ich sie ausprobieren! Die Begeisterung für ein Geheimnis der Frauen, das es mir ermöglicht, meine Weiblichkeit zu befreien, meine innere Schönheit zu entfalten und mein Selbstvertrauen wiederzufinden, wurde zu einem roten Faden für mich.

Ein paar Tage später, nachdem ich einiges über Yoni-Eier erfahren hatte, beschloss ich, einen ersten Versuch zu unternehmen. »Oooh!« – »Huch!« – »Aaah!« – »Hoppla!« Meine Yoni hatte das Ei in sich aufgenommen. Ich würde lügen, wenn ich behauptete, dass es mich am Anfang kalt gelassen hätte, ein solches Objekt in meinen Körper einzuführen. Das Ei steckte nun in meinem Inneren, ganz ruhig und friedlich. Ich atmete einmal tief durch und stand auf. Ich spürte es nicht in mir, aber irgendwie fühlte sich doch etwas anders an. Sehr schnell bemerkte ich eine Steigerung meiner Wahrnehmung, vor allem für meine intime Anatomie. Bis dahin hatte ich diesen Teil meines Körpers eher als Objekt des Verlangens, des Vergnügens und der Lust angesehen denn als Ort meiner weiblichen Kraft. Ich kannte vorher auch damit einhergehend Schamgefühle, Sorglosigkeit und Unwissenheit, aber durch dieses kleine Objekt konnte ich plötzlich noch viel mehr entdecken.

Ich bemerkte, dass sich mein Verhältnis zu Männern von Tag zu Tag veränderte. Ich wurde selbstbewusster, heiterer und sinnlicher. Und ich wurde weniger abhängig von Aufmerksamkeit, Komplimenten und Liebe. Ich entdeckte diesen Teil meines Körpers wieder, interessierte mich dafür und spürte jeden Tag positive Veränderungen. Je mehr sich mein Geschlecht öffnete und entspannte, desto mehr nahm ich meinen eigenen Platz in der Welt ein. Eine subtile, fast greifbare Kraft ging von mir aus. Und die Männer interessierten sich nicht mehr für mich, weil sie Sex wollten, sondern sie interessierten sich wirklich für mich als Person, als Frau. Das war neu für mich. Hatten sich meine Wahrnehmung, meine Präsenz, meine Aufmerksamkeit so schnell verändert? War das alles diesem Stein zu verdanken, der in meiner Yoni war? Oder eher meiner Entdeckungsreise und den neuen Fragen, die es mir möglich machten, anders zu leben? Oder war es ganz einfach die Lust am Risiko, das ich einging? – Meine regelmäßigen Erfahrungen mit dem Yoni-Ei, begleitet von Ratschlägen von Experten, hatten mich allerdings schnell davon überzeugt, dass kein Risiko dabei war, das Ei zu »tragen«.

Nach einem Jahr fuhr ich zurück nach Thailand, um eine Reihe von Filminterviews zu führen (lateledelilou.com) und noch mehr über die wunderbaren Geheimnisse der Yoni-Eier zu erfahren. Über YouTube haben diese Interviews Tausende von Frauen erreicht und ihnen Lust gemacht, die Praxis der Yoni-Eier selbst zu erproben. Schon bevor das Interesse so groß wurde, hatte ich die Yoni-Eier auf meiner Website empfohlen (lalibrairiedelilou.com). Daraufhin entwickelte sich ein wahrer Tsunami von Fragen und begeisterten Rückmeldungen. Sie haben mich dazu gebracht, dieses Buch zu schreiben.

Dieses Projekt ist auf mich zugekommen wie das Yoni-Ei selbst. Ich hatte das Gefühl, diesem Weg folgen zu müssen, ich hatte Lust, mich mitzuteilen, Lust auf Befreiung und darauf, dieses Frauen-Geheimnis aufzudecken.

In diesem Buch werden Sie erfahren, dass der Gebrauch von Yoni-Eiern in fast jedem Moment Ihres Lebens als Frau möglich ist. Aber Sie erfahren auch, wie Sie damit umgehen müssen. Denn wenn Sie etwas in Ihren Körper einlassen, wirft das natürlich Fragen auf. Einige von Ihnen werden sich beim ersten Kontakt mit dem Ei wohlfühlen, andere eher nicht.

Wie bei jeder Übungspraxis ist auch hier Regelmäßigkeit gefragt, Ruhe und ein Hinhören auf die innere Stimme. Nehmen Sie sich Zeit, achten Sie auf Ihren Körper und auf Ihre Intuition. Wenn Sie sich mit Ihrer Yoni zusammentun und sie mit Respekt behandeln, wird diese Praxis Ihnen die Möglichkeiten eröffnen, Ihr »intimes Ich« und Ihre innere Weisheit zu entdecken und besser zu verstehen. Sie wird Ihnen helfen, die schlafende Kraft in sich zu wecken: die Kraft Ihrer strahlenden Weiblichkeit.

Viele Frauen haben mir anvertraut, dass sie sich lebendiger, heiterer und weiblicher fühlen, seit sie mit dem Yoni-Ei üben. Ich wünsche uns allen, dass wir selbstbewusst und frei in unserer Weiblichkeit und unseren Entscheidungen werden und dass wir unseren Platz finden, um aktiv und in aller Gelassenheit in unserer Welt zu leben.

Dieses Buch möchte ein praktischer Leitfaden dafür sein, dass Sie den Nutzen der Yoni-Eier besser verstehen. Es soll Ihnen helfen, Ihr ganz persönliches Yoni-Ei zu finden – die richtige Größe und den richtigen Stein – und in die Praxis einzusteigen – in aller Gelassenheit und Freiheit. Dazu habe ich mir auch Rat von Gesundheitsprofis und Gemmologen (Edelsteinkundlern) geholt, um die Ratschläge der Spezialisten für die Praxis der Yoni-Eier zu ergänzen. Im Buch werden Sie auch zahlreiche Aussagen von Frauen finden, Frauen aus allen Alters- und Erfahrungsgruppen, die ihre persönlichen Erlebnisse mitteilen wollten.

Ich gebe zu, dass ich nicht alle verfügbaren Informationen zu diesem Thema hier versammelt habe. Aber ich hoffe, ich habe das Wesentliche erfasst, sodass Sie mit Selbstvertrauen beginnen können, die Praxis der Yoni-Eier zu erproben.

Ich wünsche mir, dass der Inhalt dieses Buchs Ihnen eine neue Dimension eröffnet, die Ihnen bisher nicht bekannt war. Ich wünsche mir, dass Sie Ihren Körper von einschränkenden Erinnerungen befreien können, dass Sie Ihre innere Kraft und Schönheit freisetzen, dass Sie Gelassenheit finden – und dass Sie Zeugin einer neuen Welt sein können. Ich wünsche Ihnen Augen, die vor Begeisterung und Freude strahlen.

Von ganzem Herzen wünsche ich Ihnen Freude auf dieser neuen Lebensetappe!

Lilou Macé

Entdecken Sie die Geheimnisse Ihrer Yoni

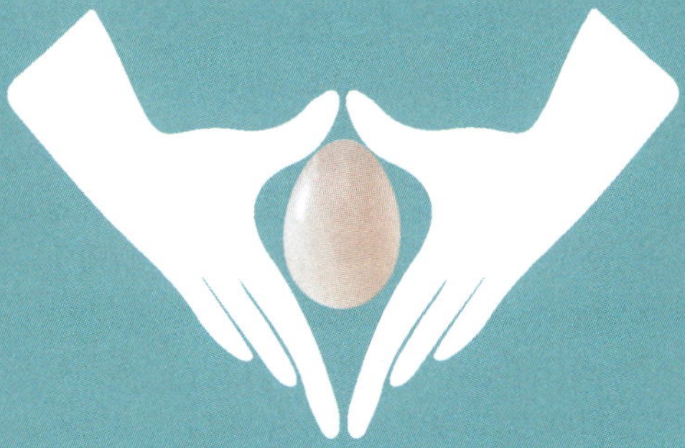

Yoni? Was ist das?

Jede Frau hat wohl ihr ganz eigenes Wort für den faszinierendsten und intimsten Teil ihrer Anatomie – für ihr Geschlecht. Es gibt dafür auch sehr poetische und sehr vulgäre Ausdrücke, und sie verändern sich mit unserer Gesellschaft und mit den Empfindungen jeder einzelnen Frau.

Den Begriff »Yoni« habe ich zum ersten Mal im Zusammenhang mit Tantra gehört. Ich fand ihn sofort sehr charmant. Yoni. Zart, empfindsam, exotisch … Es war, als würde ich in einen ganz neuen Erfahrungsraum entführt. Endlich ein freundliches Wort, geheimnisvoll und respektvoll!

Nach einigen Recherchen habe ich herausgefunden, dass der Begriff »Yoni« aus dem Sanskrit stammt, einer uralten indoeuropäischen Sprache. Er beschreibt ursprünglich viel mehr als nur den äußeren Teil des Geschlechts bzw. den Eingang der Vagina. Also nicht nur den sogenannten Venushügel (mons pubis), den Ausgang der Harnröhre, die Schamlippen und die Klitoris, sondern auch die Gebärmutter, die Scheide, den Beckenboden, die Eierstöcke und den Eileiter. Wie schön, dass wir endlich einen Begriff für diese gesamte Körperregion haben!

Im weiteren Sinne ist die Yoni der Ort unserer Schöpfungskraft, unserer weiblichen Energie, der Tempel unseres inneren Wissens. Und wenn wir bestimmte Erinnerungen, Traumata und Energien freisetzen, die in diesem Teil des Körpers gespeichert sind, dann erhalten wir Zugang zu einer bisher unbekannten Kraft. Die Yoni ist also kein Körperteil wie jeder andere. Sie verkörperlicht eine uralte und doch sehr moderne Auffassung von der weiblichen Geschlechtlichkeit und eröffnet einen riesigen Erfahrungsraum.

»Es ist ein besonderer Ort. Je mehr man ihn kennenlernt, je weiter man die Türen öffnet, desto mehr Türen nach innen finden sich, und das verschafft uns Zugang zur Größe unserer Existenz«, erklärt Aisha

Sieburth, Autorin, Tao-Anleiterin nach Mantak Chia und Gründerin des »Tao de la Vitalité« in Frankreich.

Die gute Nachricht ist, dass all dieses Wissen nie verloren war. Es setzt sich durch die dunkelsten Zeiten fort, weil es in den Körpern der Frauen lebt. Wie ein Schatz ist es in uns verborgen, an einem Ort, den zu respektieren wir vergessen haben und mit dem wir uns erst wieder verbinden müssen, um seine wahren Geheimnisse kennenzulernen.

Es ist also an der Zeit für unsere Praxis und unsere Rituale, um den Geheimnissen der Yoni näher zu kommen. Das intime Wissen über unsere Yoni erlaubt es uns, einen Ort wiederzuentdecken, an dem wir als Frauen leben. Wir tragen in uns, was wir so verzweifelt im Außen suchen. Eine Reise tief in unser Inneres lässt uns nach außen hin strahlen.

Ich lade Sie deshalb mit diesem Buch ein, die Geheimnisse Ihrer Yoni zu erforschen, um in einen neuen Lebensraum einzutreten und um eine intime Gesundheit und Vitalität zu erleben, wie Sie sie noch nie gekannt haben.

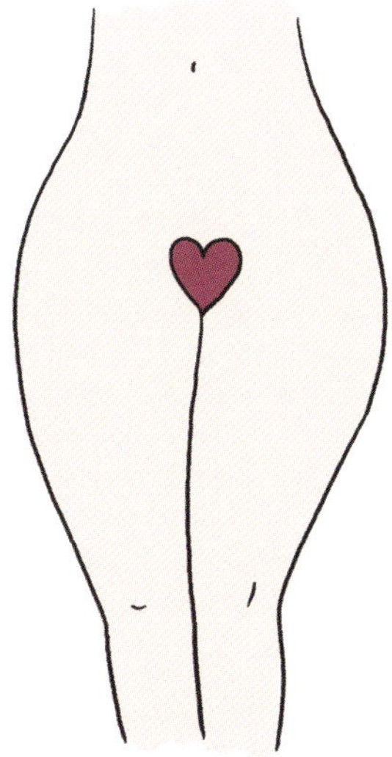

Kleine Anatomie-Kunde

Hier soll keine umfassende Biologiestunde abgehalten werden. Aber wenn Sie damals in der Schule geschlafen oder geschwänzt haben, ist es vielleicht ganz gut, kurz zu rekapitulieren, was es in dieser Hinsicht zu wissen gibt.

Wenn wir unsere Yoni von außen erforschen, sehen wir zunächst den sogenannten Venushügel in der unteren Mitte unseres Bauchs. Von der Pubertät an gehört er zu den wichtigsten sekundären Geschlechtsmerkmalen; er ist mehr oder weniger stark behaart. Jeder Frau ihre Yoni!

Aber zurück zur Anatomie. Der Venushügel hat die Form eines Dreiecks. Ganz vorn darin liegt die Klitoris, und zwar dort, wo die beiden großen Schamlippen zusammentreffen. Sie verbergen die kleinen Schamlippen, die sehr fein und zart sind und bei sexueller Erregung anschwellen.

Dahinter finden sich drei Öffnungen: die der Harnröhre, die Vagina (bei Jungfrauen durch das Hymen teilweise verschlossen) und der Anus. Die Vagina führt zum G-Punkt und zur Gebärmutter.

Flüssigkeiten

Wichtig zu wissen ist auch, dass es drei weibliche Körperflüssigkeiten gibt. Die erste bildet sich bei sexuellem Verlangen und befeuchtet die Vagina. Die zweite wird im Moment des Orgasmus ausgestoßen. Und die dritte, die manchen Frauen schon bekannt ist, wird durch Übung zugänglich. All diese Flüssigkeiten sind in unserer Yoni reichlich vorhanden und setzen Gefühle und Erinnerungen frei. José Toirán, Spezialist auf diesem Gebiet, erklärt das etwas später in diesem Buch.

Nachdem ich selbst in Sitzungen bei José Toirán im »Tao Garden« experimentiert habe, kann ich Ihnen sagen, dass ich inzwischen zu der Überzeugung gekommen bin, dass das Wissen über unseren Körper, unseren Orgasmus, unsere Körperflüssigkeiten und unsere Verbindung mit dem Leben selbst unendlich groß ist. Für mich war es eine der schönsten Erfahrungen in meinem Leben. Meine innere Weisheit macht mir Mut zum Leben.

*»Ich bin nervös, mein Körper zittert. Ich liege nackt unter weißen Badetüchern, und José massiert mich mit Kokosöl. Er zeigt mir, wie ich im Einklang mit ihm atmen kann, wie ich seine Finger (die mit Latexhandschuhen bekleidet sind) einsaugen und mit meiner Gebärmutter wieder wegstoßen kann. Seine Finger dringen in meine Vagina ein. Nach seinen Anweisungen halte ich den Atem an. Unsere Begegnung hat keinen sexuellen Anklang. Es ist, wie wenn ich mit mir selbst Liebe mache. Ich mache mir selbst dieses Geschenk und jemand begleitet mich dabei. Mein Geschlecht öffnet sich, der Rhythmus wird schneller, der Höhepunkt naht. Die Quelle sprudelt reichlich. Da ist sie, die Quelle der Frauen. Ich fühle mich wie eine Königin. Wie eine Göttin. Verwandelt für immer.«**

José Toirán, der von Mantak Chia ausgebildet wurde und Spezialist für die weibliche Ejakulation ist, versichert mir, dass alle Frauen dazu fähig sind, auch wenn sich viele Frauen dessen nicht bewusst sind. Die Technik dazu lehrt José in seinen Sitzungen. Er hat außerdem gemeinsam mit einer Gruppe von Wissenschaftlern ein Forschungsprojekt ins Leben gerufen, um dieses Phänomen bei Frauen zu erklären, allgemein bewusst zu machen und so für mehr Akzeptanz zu sorgen.

Und nun, da wir etwas mehr über die Yoni wissen, wollen wir uns die Aspekte ansehen, die uns helfen können, unsere schlafende Energie zu wecken. Wir wollen sehen, wie wir unsere Weiblichkeit befreien und unser Selbstvertrauen wiederfinden können.

* Auszug aus meinem Buch *Je suis célibataire et ça me plaît,* Guy Trédaniel, 2016.

Was ist ein Yoni-Ei?

»Bei den Frauen befindet sich alles im Inneren. Es gibt nichts Äußeres zu trainieren. Bei Männern ist es einfacher, weil alles außen ist. Sie können sich dort berühren und erregen, während Frauen dazu ein Werkzeug brauchen«, erklärt Jutta Kellenberger, Expertin für den weiblichen Körper, für Taoismus, Meditation und Yoni-Eier.

Das Yoni-Ei ist ein Objekt aus Halbedelstein oder Edelstein, das in die Yoni eingeführt wird. Traditionell spricht man von Jade-Eiern, weil die ersten derartigen Eier aus diesem Material gefertigt waren. Man kann auch von »Energie-Eiern« sprechen.

Ein solches Ei hat vielerlei Nutzen für Ihr Wohlbefinden, Ihre Energie und Ihre Sexualität. Genaueres dazu finden Sie in diesem Kapitel. Nur vorab verraten: Ein Yoni-Ei hilft Ihnen, über die Scheide den Beckenboden zu trainieren. Wenn Sie Sport treiben, wissen Sie, dass es keine Erfolge gibt ohne regelmäßiges Training und ohne zumindest eine geringfügige Kontraktion von Muskeln. Genauso verhält es sich bei dem Training mit den Yoni-Eiern, die in verschiedener Festigkeit und Größe Ihrer Yoni etwas zum Arbeiten geben. Das Ei in Ihrer Vagina fungiert als Werkzeug, um Ihren Beckenboden zu stärken. Der wiederum besteht aus einer Reihe von Muskeln in Form einer Hängematte, die zwischen der Vorder- und der Rückseite Ihres Körpers aufgehängt ist. Er hat die Aufgabe, verschiedene wichtige Organe zu stützen. Wenn Sie die Praktiken und Übungen machen, die in diesem Buch vorgestellt werden, können Sie Ihren Beckenboden stärken und erhalten. Aber das ist noch nicht alles …

Das Yoni-Ei spielt verschiedene wichtige Rollen. Es dient der intimen Gesundheit, der alltäglichen Freude, dem Selbstvertrauen, dem Wiederentdecken der eigenen Kraft und inneren Weisheit. All dies erkennen wir, wenn wir uns dieser Körperregion bewusst werden, die auf vielfältige Weise mit dem Rest unseres Körpers verbunden ist. Die intimen Motive, ein Yoni-Ei zu benutzen, variieren natürlich je nach Alter, Bedürfnis und Lust und Laune.

»Das Yoni-Ei ist wie ein Schmuckstück, ein Schatz, mit dem man eine Freundschaft aufbaut. Es sorgt dafür, dass wir uns mit diesem Teil unseres Körpers verbinden, ihn erforschen und entdecken«, sagt Aisha Sieburth dazu.

Yoni-Eier werden aus verschiedenen Steinarten hergestellt. Die Auswahl ist etwas sehr Persönliches und steht mit den Eigenschaften der Steine ebenso in Verbindung wie mit unseren eigenen Vorlieben. In Kapitel 2 stelle ich verschiedene Steine und mögliche Anwendungen vor, äußerlich und innerlich, je nach Größe und Eigenschaften. Die glänzend polierten Eier, die je nach Stein mehr oder weniger durchscheinend sind, werden in drei Größen angeboten, um die Freuden und Entdeckungen individuell zu gestalten.

Für Aisha Sieburth »ist das Yoni-Ei aus mineralischem Material, das aus der Erde kommt. Es ist ein sehr edles Material, das man nutzen kann, um den heiligen Gral unserer Weiblichkeit zu erwecken, jenen Ort, aus dem unsere Schöpferkraft kommt.«

All das mag Ihnen jetzt einigermaßen rätselhaft vorkommen. Aber seien Sie sicher, in diesem Buch werden alle Rätsel gelöst.

Die Benutzung von Yoni-Eiern geht zurück in eine tiefe Vergangenheit, ins alte China, und wird heute von modernen und aktiven Frauen wieder aufgegriffen. Von Frauen, wie wir es sind.

Die legendären Hintergründe

Mantak Chia war in den Siebzigerjahren der erste Tao-Meister, der in seinen Büchern von Yoni-Eiern berichtet hat. Viele Anleiter und Experten, die ich interviewt habe, um mehr darüber zu erfahren – darunter Aisha Sieburth, Jutta Kellenberger, Sarina Stone, Minke de Vos, Shashi Solla und José Toirán –, sind letztlich Schülerinnen und Schüler dieses Pioniers.

»In alter Zeit war diese Technik der Königin vorbehalten, der Prinzessin und den Konkubinen. Tao-Meisterinnen lehrten sie die ›Kunst des Schlafzimmers‹«, berichtete mir Mantak Chia in einem Interview, das wir vor seinem Haus in Chiang Mai (Thailand) führten.

Die Geschichte der Jade- oder Yoni-Eier geht also mehr als zweitausend Jahre zurück bis ins alte China. Auf Anweisung des Kaisers wurden die Kaiserin und Hunderte Konkubinen mit dem Geheimnis der Yoni-Eier vertraut gemacht, um die Kraft ihrer Geschlechtsorgane zu stärken, ihre Jugend und ihre Vitalität zu bewahren und dem Kaiser göttliche Liebeserlebnisse zu schenken.

Indem sie die Kontraktionen ihrer Vagina kontrollierten, konnten sie auch die Erregung des Kaisers beeinflussen, damit er seine Energie sammeln konnte. Es hieß, jene Energie, die mit der universellen und kosmischen Energie in Verbindung stand, würde ihm Weisheit und Größe schenken und ihm gute Entscheidungen für sein Reich ermöglichen.

Obwohl diese Praxis in erster Linie den Genuss des Kaisers (und die Verhinderung einer Ejakulation) im Blick hatte, gewannen die Frauen dadurch ebenso viel Genuss und Kraft. Diejenigen, die diese Kunst am besten beherrschten, wurden zu Favoritinnen.

Das Yoni-Ei und die moderne Frau

Die Praxis mit den Yoni-Eiern hat sich natürlich mit unserer Rolle als Frau weiterentwickelt. Wir sind nicht mehr verpflichtet, einem Kaiser Lebenskraft zu schenken, wir können diese Praxis für uns selbst verwenden.

Yoni-Eier sind auch heute in unserer alltäglichen Realität sinnvoll. In Zeiten von Unabhängigkeit, Stress, Familienleben, schnellem Wandel, Vermännlichung, Kraftverlust und Sinnsuche erlauben uns die Yoni-Eier, unseren Platz als Frauen wieder einzunehmen und eine innere Verwandlung zu erleben. Aisha Sieburth sagt dazu: »Das Jade-Ei ist ein Werkzeug, das uns ganz konkret hilft, diesen Prozess in Gang zu setzen.« Und weiter: »Die Praxis des Jade-Eis dient dazu, die heilige

Dimension der weiblichen Energie zu enthüllen, sich wieder mit ihrer Zartheit zu verbinden, mit ihrer Energie und stillen Kraft, um Autonomie, Gleichgewicht und Gesundheit für den Körper, das Herz und den Geist zu finden.«

Eine regelmäßige Nutzung des Yoni-Eis, verbunden mit Zeiten der Ruhe und Selbstbeobachtung, erlaubt es uns, uns besser mit uns selbst zu verbinden, unsere schöpferische und sexuelle Energie zu wecken, aber auch, uns spontan von unserer Intuition leiten zu lassen, um in Freiheit und Bewusstheit die richtigen Entscheidungen für unser Leben zu treffen. Durch seine Form schmiegt sich das Ei an die Yoni an und erlaubt uns so, gezielt Übungen zu machen und immer weiter fortzuschreiten.

So wie sich die Rolle der Frauen in der Gesellschaft verändert hat, so hat sich auch die Praxis der Yoni-Eier verändert. Heute erlaubt sie Frauen, ihre innere Kraft und Schönheit zu enthüllen und nach außen zu tragen. Ich komme auf den Aspekt heiliger Weiblichkeit und der darauf bezogenen Rituale im letzten Kapitel dieses Buchs zurück.

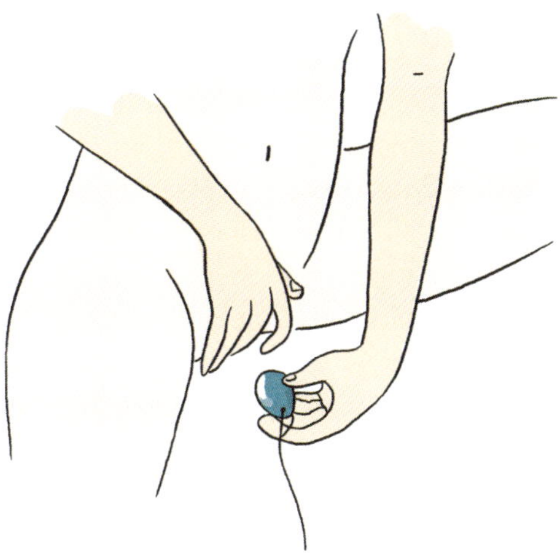

Und was sind Geisha-Kugeln?

Die Geisha-Kugeln, die man häufig mit sexuellem Vergnügen, guter vaginaler Gesundheit und Sex-Spielzeugen in Verbindung bringt, werden im Gegensatz zum Yoni-Ei meistens im Duo verwendet. Sie werden auch immer so angeboten.

Für Fortgeschrittene

Fortgeschrittene können zwei Yoni-Eier benutzen. Meistens sind diese Eier dann kleiner, hat mir José Toirán erklärt. Die Frauen lernen, sie in verschiedene Richtungen zu bewegen und so auch verschiedene Muskelgruppen in ihrer Vagina zu trainieren. Das führt zu einer noch größeren Beherrschung dieser Muskeln.

Geisha-Kugeln sind oft aus Silikon oder Plastik, seltener auch aus Metall, Glas oder Stein. Sie bewegen sich mit dem Körper der Frau, vibrieren, führen zu sexueller Lust und stärken den Beckenboden. Von den Yoni-Eiern unterscheiden sie sich außerdem durch ihre Form (sie sind rund), ihre Größe und ihr Gewicht. Oft werden sie getragen, ohne dass damit trainiert wird. Das Yoni-Ei ist oval und erlaubt verschiedene aufeinander aufbauende Übungen, je nach Material, Gewicht und Größe. Die Möglichkeit, mehr Gewicht und mehr Spannung für verschiedene Übungen einzusetzen, fördert die Kreativität und bringt vielfachen Nutzen mit sich, den die Geisha-Kugeln nicht bieten können.

> “Eine Freundin benutzte Geisha-Kugeln aus Plastik für die Rückbildung. Ich habe mir auch welche gekauft, aber mir gefiel das Material nicht. Von den Eiern war ich gleich begeistert, zumal mir klar war, welche positive Wirkung Steine haben können. Ich trage das Ei den ganzen Vormittag ohne Probleme.”
>
> *Catherine*

Geisha-Kugeln erlauben lokales Training durch Kontraktionen. Aber durch bloßes Anspannen und Loslassen bekommen wir keine Yoni mit mehr Spannung. Außerdem sind die Kugeln oft zu leicht oder zu klein, und man kann das Gewicht nicht erhöhen. Tatsächlich befinden sich die Beckenbodenmuskeln nicht in unserer Vagina, sodass das Training mit Geisha-Kugeln nicht so effektiv ist. Dr. Arnold Kegel, nach dem der Kegelmuskel benannt ist, hat ebenfalls empfohlen, den Beckenboden mit mehr Gewicht zu trainieren.

Die Symbolik des Eis

Wenn man zum ersten Mal ein Yoni-Ei in den Händen hält, ist das ein einschüchterndes, aufregendes Gefühl. Dieses glatte, runde, strahlende Objekt scheint eine große Kraft zu haben. Das Ei ist ein Symbol des Lebens, der Fruchtbarkeit, der Wiedergeburt, des Neuanfangs. Es erinnert an Zärtlichkeit, Glück, das Innere Kind und das Leben im Mutterleib.

Auf der symbolischen Ebene ruft es auch ganz individuelle intime Bedürfnisse wach.

> „Dieses Ei hat meine Weiblichkeit und meine Sexualität wirklich befreit. Es war ein Symbol der Kindlichkeit und hat mir erlaubt, mich auf seelischer Ebene dem Leben in meinem Bauch zu nähern. Das war mir wichtig, weil ich Schwierigkeiten hatte, Mutter zu werden und ein Kind zur Welt zu bringen."
>
> *Hélène*

Das Ei repräsentiert auch die Einheit, Yin und Yang vereint, die Koexistenz unserer Licht- und Schattenseiten. Es materialisiert die Fruchtbarkeit, die Geburt ebenso wie die Vereinigung von Männlichkeit und Weiblichkeit. Es ist die Quelle, der Ursprung und der Ausgangspunkt. Es versammelt und vereint uns. Es ist Behältnis und Schutz. Für viele Frauen bringt das Tragen eines Yoni-Eis das Gefühl mit sich, nach Hause zu kommen und den eigenen Platz zu finden.

> »Ich habe das neue Gefühl, vollständig zu sein, wenn ich das Ei trage.«
>
> *Sophie*

Aisha Sieburth, die in Kursen und Seminaren die Praxis der Yoni-Eier lehrt, hält das Yoni-Ei für ein Symbol der Arbeit, die wir tun müssen: eine Innere Arbeit, um uns mit einem tieferen Teil unseres Selbst zu verbinden und um die vielen Türen zum Bewusstsein unserer Vorfahren zu öffnen, die uns beschützen. »Diese Innere Arbeit führt zur Einheit mit allem.«

Das Yoni-Ei ist auch ein Symbol der Schöpferkraft, die wir in uns tragen, ebenso wie der Freisetzung von Energie, die aufgrund von mehr oder weniger bedeutenden Traumata in uns gefangen ist. Das Chi, die Lebensenergie, bleibt in solchen Fällen in bestimmten Körperregionen eingesperrt, darunter auch in der Yoni. Die Arbeit mit dem Ei kommt einer Massage der Yoni gleich, bei der diese Energie freigesetzt wird. Dazu komme ich später genauer.

Jutta Kellenberger bestätigt das: »Ich spreche oft vom Energie-Ei statt vom Jade-Ei, weil es uns so viel Energie schenkt. Wenn man die Übungen zur Stärkung der Beckenbodenmuskulatur macht, fühlt man sich total energetisiert und dynamisiert. Das Ei schenkt uns so viel Leben! So viele Energien, die an diesem Ort eingesperrt sind, werden freigesetzt.«

Vaginale Reflexzonen und die Traditionelle Chinesische Medizin

Sie haben sicher schon von Akupunktur, Reflexzonenmassage oder Shiatsu gehört. Diese fernöstlichen Techniken haben als Basis die Lehre von den Energieleitbahnen, die man auch Meridiane nennt. Jene sind im ganzen Körper zu finden. Der Arzt oder Heiler sticht Nadeln in entsprechende Punkte auf diesen Meridianen oder massiert sie, um die Energie wieder zum Fließen zu bringen. »In der Vagina gibt es mehrere Punkte, an denen sich Meridiane kreuzen, sogenannte Reflexpunkte. Wenn wir mit dem Ei trainieren, aktivieren wir diese Meridiane und die damit verbundenen Organe in unserem Körper«, erklärt Jutta Kellenberger.

Tatsächlich durchlaufen die Meridiane sämtliche Organe. Auch in den Werken von Mantak Chia findet sich die sexuelle Reflexzonenlehre.

Die Reflexzonen geben uns die Möglichkeit, die Energie des einen oder anderen Organs zu stimulieren, gestaute Energieflüsse zu bearbeiten und wieder zum Fließen zu bringen. In der Traditionellen Chinesischen Medizin (TCM) ist der Eingang der Vagina beispielsweise mit der Blase und den Nieren verbunden. In seiner Mitte gibt es außerdem eine Verbindung zur Leber, zur Milz und zur Bauchspeicheldrüse, weiter oben zur Lunge und direkt unterhalb des Gebärmutterhalses zum Herz. Bei den Männern ist es ähnlich. Die Penis-Eichel steht in Verbindung mit dem Herz und so weiter.

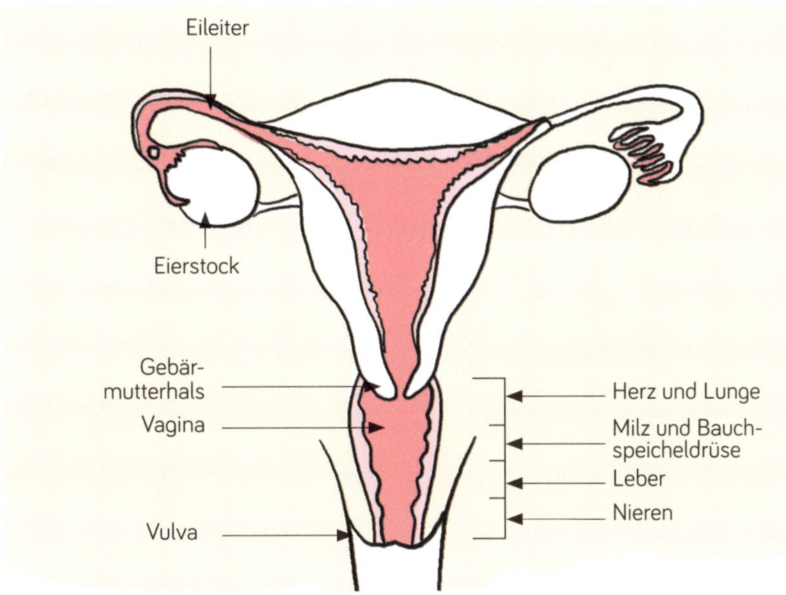

Zur energetischen Dimension der Yoni schreibt Minke de Vos: »Am Eingang der Yoni, ganz unten, gibt es eine Verbindung zu den Nieren. Sie ist wie eine kleine Ausgabe der großen Niere des Menschen. In der Mitte der Yoni liegen die Verbindungen zu Leber und Milz und vor dem Gebärmutterhals die zum Herz und zur Lunge. Je weiter man in den Körper vordringt, desto näher kommt man dem Herz. Und wenn sich das Herz öffnet, fließt die Energie durch die Mitte des Körpers bis zum Scheitel. Mit der Yoni und einer heiligen Sexualität eröffnet man einen zentralen Kanal, an dem sich alle Chakren ausrichten.«

Es ist, als würde die Arbeit mit den Yoni-Eiern bestimmte Bereiche der Yoni – unseres »Jadepalastes« – anregen und reinigen und so das aufsteigende Fließen der Energie ermöglichen.

Aisha Sieburth hat keinen Zweifel: »Wir können mit unseren Emotionen arbeiten und mit den Elementen der Natur, die in Verbindung zu unseren Organen stehen. Wasser, Holz, Erde, Feuer, Metall, Himmel und so weiter werden im Inneren dieses Jadepalastes in unserem Körper sichtbar. Sie helfen uns, Verletzungen zu heilen, alte Probleme zu bewältigen und gemäß unserer wahren Natur zu leben.«

Erproben Sie den Tonus Ihres Beckenbodens

Damit die vorher genannten Versprechen auch in die Praxis umgesetzt werden können, wollen wir uns einen Moment Zeit nehmen für ein paar einfache kleine Tests, bevor Sie mit der Energie-Arbeit beginnen.

> Bevor ich das Ei entdeckte, fühlte ich mich sehr weich und nachgiebig. Inzwischen habe ich mehr Selbstvertrauen gefunden, nicht zuletzt in diesem Teil meines Körpers. Auch auf sexueller Ebene weiß ich den Kontakt mit dem Yoni-Ei zu schätzen.
>
> *Carine*

Um die richtige Größe Ihres Yoni-Eis herauszufinden und damit Sie sich gut auf die Anwendung und das Einführen des Eis in die Vagina vorbereiten, sollten Sie zuerst den Tonus Ihres Beckenbodens prüfen.

Es gibt ein paar Anzeichen, an denen Sie den Tonus ablesen können. Wenn Sie zum Beispiel bei sexuellen Begegnungen einen Mangel an Feuchtigkeit spüren, wenn Sie insgesamt wenig spüren und auch wenig Lust haben, wenn Sie inkontinent sind oder auf der Toilette den Urinfluss nicht beliebig stoppen können, dann kann es gut sein, dass der Tonus Ihres Beckenbodens eher gering ist.

Es ist wichtig, dass Sie diesen Mangel beheben. Ab einem gewissen Alter, je nach Anatomie, der Anzahl von Geburten und sonstigen Lebensumständen verringert sich der Tonus von alleine. Dem müssen Sie entgegenwirken, denn eine Verringerung kann mehr oder weniger bedeutende Gesundheitsprobleme mit sich bringen.

Drei Tests für den Tonus Ihres Beckenbodens

1. Wenn Sie auf der Toilette Ihre Blase um mehr als die Hälfte entleert haben, versuchen Sie einmal, den Urinfluss aufzuhalten, indem Sie Ihre Muskeln ein paar Mal zusammenziehen. Wenn Ihnen das gelingt und der Urinfluss stoppt, funktioniert Ihr Beckenboden normal. Wenn nicht, ist Ihr Beckenboden erschlafft und Sie sollten dringend etwas dagegen unternehmen. In diesem Buch finden Sie einige praktische Übungen dazu.
2. Waschen Sie sich die Hände und legen Sie sich auf den Rücken, am besten auf Ihr Bett. Ziehen Sie Ihre Vagina so fest wie möglich zusammen und versuchen Sie, Ihren Daumen einzuführen, mit dem Fingernagel Richtung Bauch. Wenn Ihnen das gelingt, hat Ihr Beckenboden einen guten Tonus. Wenn nicht, ist er zu stark zusammengezogen. Die Übungen mit kleinen Yoni-Eiern werden Ihnen helfen, sich zu entspannen. Später mehr dazu.
3. Eine Partnerübung für Mutige: Bitten Sie Ihren Partner oder Ihre Partnerin, einen Finger in Ihre Vagina einzuführen. Spürt er oder sie dabei die Kontraktionen des Beckenbodens, die Sie herbeiführen? Wenn es sich für die Partnerin bzw. den Partner anfühlt, als würde der Finger hineingesaugt, hat Ihr Beckenboden einen guten Tonus. Genau so sollten Sie mit dem Yoni-Ei üben. Später mehr dazu.

Wenn Sie Zweifel haben, bitten Sie Ihren Gynäkologen, Ihre Hebamme oder eine Physiotherapeutin, den Tonus Ihres Beckenbodens zu beurteilen.

Die Yoni mit dem Ei kennenlernen

Es ist keine Kleinigkeit, ein Objekt wie das Yoni-Ei in die Vagina einzuführen. Viele Frauen haben Angst, dass das Ei stecken bleibt oder in ihrem Körper auf immer verschwindet. Um Ihnen zu helfen, diese Angst zu überwinden, stellen Sie sich einfach vor, dass Ihre Vagina Wände und einen Boden hat. Das Ei kann gar nicht verschwinden.

Diese anfänglichen Ängste geben auch Anlass zu einer echten inneren Arbeit, nämlich einer Bearbeitung tief sitzender Sorgen, von denen Sie sich aber befreien können.

Aisha Sieburth versichert in ihren Kursen den Frauen: »Dieser Teil unseres Körpers wird oft ein bisschen vergessen. Er ist versteckt und deshalb unbekannt. Wenn wir mit dem Yoni-Ei üben, lernen wir unsere Anatomie besser kennen. Wir lernen uns auf intime Weise selbst kennen.«

Wenn Sie Angst haben, dass Sie das Ei verlieren, ist der folgende kleine Anatomie-Kurs besonders hilfreich.

“ Am Anfang hatte ich Angst vor der Größe des Eis und dass es im Inneren meiner Yoni verschwinden könnte. ”

Alexandra

“ Ich war sehr unsicher. Dass es zu groß sein könnte, dass es stecken bleiben könnte, dass es zu schwer sein könnte, dass ich es über Monate hin die ganze Nacht tragen müsste … Als es dann so weit war, waren die Ängste schnell weg. ”

Marie

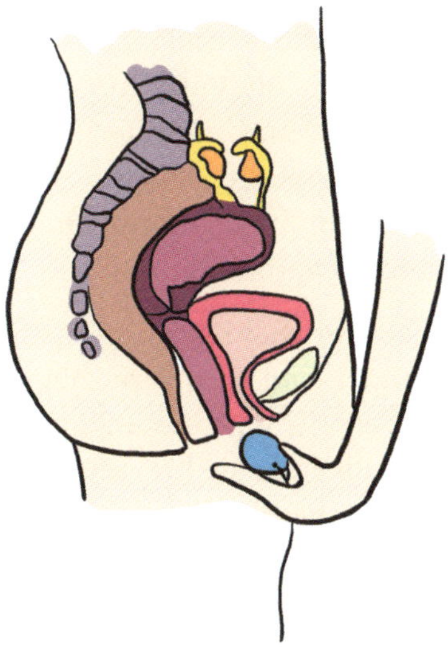

• So wird das Ei eingesetzt. •

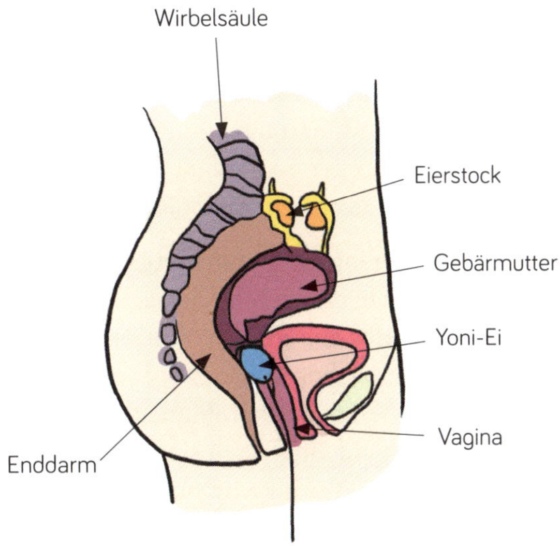

• Das Ei liegt in der Yoni an seinem Platz. •

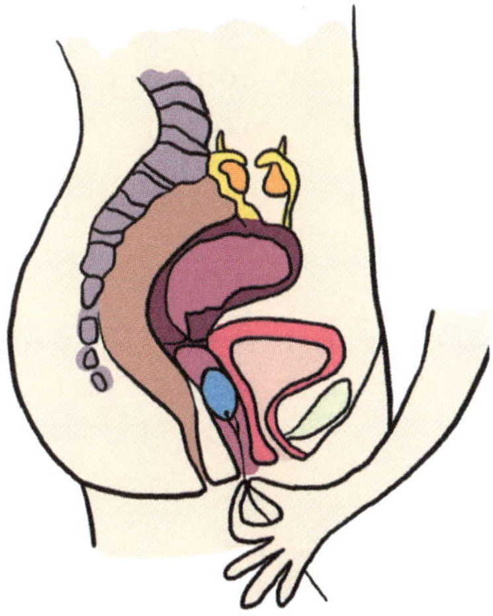

• So wird das Ei entfernt. •

Unsere Yoni besteht aus mehreren Organen und Muskeln, die zusammen im kleinen Becken liegen. Sie öffnet sich zur Vulva hin, dem äußeren Geschlechtsorgan der Frau, bestehend aus dem Venushügel, dem Scheidenvorhof, den großen und kleinen Schamlippen, der Klitoris, der Scheide und den Vorhofdrüsen. Die kleinen Schamlippen führen direkt in die Vagina, die die Vulva mit der Gebärmutter verbindet.

Hier befindet sich auch der Beckenboden, ein wichtiger (um nicht zu sagen *der* wichtige) Muskel, an dessen einem Ende der Venushügel und an dessen anderem Ende das Steißbein liegt. Er macht es möglich, die äußeren Genitalien zu verschließen. Deshalb ist es auch so wichtig, dass der Beckenboden einen guten Tonus hat. Aber zurück zu meiner kleinen anatomischen Erklärung.

Die Vagina führt zum Gebärmutterhals, dem Ausgang der Gebärmutter. Und schließlich folgt die eigentliche Gebärmutter, ein birnenförmiger Muskel, der aus drei Schichten glatter Muskulatur besteht und sich zusammenziehen kann. Das Innere der Gebärmutter ist mit einer stark durchbluteten Schleimhautschicht ausgekleidet, dem Endometrium. Diese Schicht entwickelt sich jeden Monat im Laufe des Menstruationszyklus neu. Wenn keine Schwangerschaft eintritt, löst sich die Schicht unter dem Einfluss bestimmter Geschlechtshormone auf, und es kommt zur Regelblutung. Unsere Gebärmutter ist an mehr oder weniger straffen Bändern aufgehängt. Sie tanzt, schwankt und bleibt geschmeidig, sodass sie in unserem Körper immer den richtigen Platz findet.

Der erste Nutzen der Praxis mit dem Yoni-Ei besteht darin, dass Frauen ihre eigene Anatomie besser kennenlernen.

Unsere Yoni ist ein zarter, gemütlicher und freundlicher Ort.

> “ Durch das Ei habe ich die Textur meiner Vagina und ihre Wärme kennengelernt … Wenn ich das Ei entferne, bin ich jedes Mal bewegt, wie warm es ist. ”
>
> *Anne*

Die Wunder des Yoni-Eis erfahren

Die Praxis mit dem Yoni-Ei bringt viele Vorteile mit sich, sowohl für Frauen als auch für Männer, und für Paare ohnehin. Sie hat das Ziel, dass Frauen ihren Körper und seine Freuden besser kennenlernen, dass sie gut für sich sorgen, Selbstbewusstsein entwickeln, Spannungen abbauen und eine freudige intime Gesundheit finden. Außerdem sorgt sie für mehr Vitalität und einen besseren Tonus im Beckenboden. Diese positiven Auswirkungen sind psychischer, körperlicher und energetischer Art.

Lassen Sie uns also beginnen, denn das Ei bringt einer immer größeren Anzahl von uns Freude.

Positive Auswirkungen auf die tägliche Befriedigung der Frau

Mehr Zärtlichkeit und Wohlwollen

Dass wir gut für uns sorgen, klingt selbstverständlich, zumal wenn in unserem Leben alles gut läuft. Aber es ist nicht so selbstverständlich, wie es klingt. So kann es Ihnen schon Mühe bereiten, sich ein wenig Zeit zu nehmen, aber wenn Sie es tun, wird es Ihnen ergehen wie einer Pflanze, die Wasser gebraucht hat und nun gegossen wird: Sie finden Ihr Strahlen und Ihre Lebensfreude wieder. Am Anfang kostet das in der Tat etwas Mühe, aber die Regelmäßigkeit und Ihr Wunsch, sich etwas Gutes zu tun, werden siegen. Neue, gesunde Gewohnheiten und ein gutes Gleichgewicht werden sich in Ihrem Alltag einstellen. Sie werden mit dieser Praxis viel Zärtlichkeit und Liebe gewinnen, die Sie dann auch nach außen ausstrahlen. Das hat nichts mit Zwanghaftigkeit oder Obsession zu tun. Es geht nicht um eine reine Glückssuche, sondern um das tiefe Verlangen, sich Gutes zu tun, sich Aufmerksamkeit und Zeit zu schenken. Beides stellt sich im Laufe der Praxis mit dem Yoni-Ei ein.

Es hat viele positive Folgen, wenn Sie sich in Ihrem aktiven Frauenleben etwas mehr Zeit nehmen.

Mehr Selbstbewusstsein

Wertschätzung, Selbstvertrauen und Selbstbewusstsein sind eng miteinander verbunden. Ihr Bild von sich selbst, Ihre Beziehungen und Ihre Fähigkeiten haben Einfluss auf Ihr Selbstvertrauen. Ebenso wie Ihre Fähigkeit, aktiv zu werden, die eigene Komfortzone zu verlassen und sich in Ihrem Alltag immer besser kennenzulernen.

> „Ich habe das Gefühl, dass ich insgesamt selbstbewusster geworden bin. Auch bei meinen sexuellen Begegnungen bin ich sicherer geworden, sodass ich das Ei heute weniger brauche."
>
> *Aurélie*

> „Ich bin wieder selbstbewusster geworden. Jetzt habe ich nicht mehr so sehr das Bedürfnis, einem Mann zu gefallen, weil ich kein Objekt mehr sein will, sondern eine geliebte Frau."
>
> *Jen*

Das Yoni-Ei führt – wie jede regelmäßige und positive Praxis, z.B. Meditation, Sport oder Yoga – zu mehr Selbstbewusstsein. Um das noch zu verstärken, biete ich Ihnen ein Bonusmaterial zu diesem Buch an. Vielleicht kennen Sie es schon. Wenn nicht, laden Sie sich das kleine Yoni-Ei-Tagebuch einfach aus dem Internet herunter. Dort können Sie Ihre Beobachtungen, Gefühle, Ängste, Ihr Tun und Ihre Entdeckungen notieren. Außerdem können Sie aufschreiben, mit welchem Ei Sie üben, wie groß es ist, um welche Zeit Sie üben oder was Ihnen dabei durch den Kopf geht. Ein solches intimes Tagebuch erlaubt es Ihnen, auch in den Zeiten, in denen Sie das Ei nicht tragen, eine innige Beziehung zu Ihrer Yoni zu entwickeln und mehr Selbstbewusstsein zu finden.

Die Aussagen von Frauen zum Thema Selbstbewusstsein sprechen für sich. Hier einige Beispiele, die Sie inspirieren sollen.

> „Ich fühle mich wirklich wohler in meiner Haut. Ich bin selbstbewusster, übernehme mehr Verantwortung für mich und mein Leben. Ich fühle mich weiblich, achtsam, voller Energie und nicht mehr allein."
>
> *Bénédicte*

> „Ich fühle mich selbstbewusster und weiblicher. Eine genussvolle Erregung, die auf dem verbesserten Muskeltonus basiert."
>
> *Geneviève*

> „Im Moment würde ich sagen, dass ich mir gestatte, mehr an mich zu denken und nicht so viel an andere."
>
> *Hélène*

> „Die Yoni-Eier haben eine tiefgreifende Wirkung auf mich. Es ist in schriftlicher Form schwer zu erklären. Ich würde sagen, ich bin selbstbewusster und friedlicher, wenn ich das Ei trage."
>
> *Axelle*

Die Entdeckung der inneren Schönheit und Weiblichkeit

Wenn Sie das Yoni-Ei tragen, sind Sie in Kontakt mit Ihrer Yoni. Sie machen sich mit Ihrem Intimbereich vertraut und fühlen sich weiblicher. Ihre innere Schönheit strahlt nach außen.

> „Was kann ich nach einem Monat sagen? Ich habe den Eindruck, das Ei hilft mir allmählich, mich so anzunehmen, wie ich bin. Zeit wird's! Und ich habe ein neues Gefühl der Zärtlichkeit bei sexuellen Begegnungen."
>
> *Astride*

Viele von uns verurteilen sich selbst, vergleichen sich eifersüchtig mit anderen und werden sehr kritisch, als müssten sie jede potenzielle Konkurrenz ausschalten. Aber vor allem werden wir hart in Bezug auf uns selbst, unterstreicht Minke de Vos: »Selbst wenn eine Frau sehr schön ist, verurteilt sie sich wegen ihrer zu kleinen oder zu großen Brüste, ihrer dicken Oberschenkel …«

> “ Ich habe festgestellt, dass wir Dinge ändern können, wenn es nötig ist. Wir haben einen absolut wunderbaren Körper voller schöner Überraschungen, und der weibliche Zyklus birgt großartige Schätze, die es zu heben gilt.
>
> *Sandra* ”

Wenn Sie lernen, sich selbst zu lieben, finden Sie Selbstbestätigung und wagen es eher, Sie selbst zu sein. Je mehr Sie lernen, sich selbst zu lieben und so anzunehmen, wie Sie sind, mit allen »Fehlern«, desto mehr strahlen Sie von innen heraus.

Schönheit geht über unser Aussehen hinaus. Wahre Schönheit entsteht im Inneren und strahlt nach außen. Das ist die wahre Gabe, die innere Kraft der Frauen, die magnetisch und auf rätselhafte Weise verführerisch wirkt. Das Yoni-Ei in Ihrem Körper, in Ihrem Alltag (bei einer Verabredung, einem Treffen, bei der Arbeit oder einer Mahlzeit), wird wie ein Geheimnis getragen: intim, unsichtbar, bis dahin, dass Sie es komplett vergessen.

Selbstbewusstsein macht weiblich. Bei einigen Frauen wirkt das katzenhaft, bei anderen verletzlich, aber immer offen und verführerisch. Wir schenken uns Liebe und Aufmerksamkeit, die wir nach außen ausstrahlen. Die Wiedervereinigung mit unserer inneren Schönheit und unserer Weiblichkeit wird immer stärker sichtbar.

Die Verwandlung der sexuellen Energie

Wie wir schon gesehen haben, wirkt sich das Yoni-Ei auf die Sexualität aus, in körperlicher und muskulärer Hinsicht ebenso wie auf energetischer und spiritueller Ebene. Aisha Sieburth schreibt dazu: »Die Gesamtheit der Praxis entwickelt sich schrittweise, verwandelt und verfeinert die sexuelle Energie und erlaubt es uns, unsere Intimität voll auszuleben. Auf körperlicher, emotionaler und spiritueller Ebene. Diese Lebensenergie ist kostbar und heilig, und ihr schöpferisches und heilendes Potenzial ist enorm. Wir entstehen aus Keimzellen, die alle Ressourcen der ursprünglichen DNA enthalten und unser Schicksal bestimmen. Die sexuelle Energie ist der Grundstoff der Alchimie, wenn es darum geht, sich gesund zu erhalten, seine Emotionen zu transformieren und das spirituelle Erwachen zu fördern, indem man sich mit seiner Quelle verbindet. Man braucht Zeit, um die Techniken zu erlernen und zu meistern, und dann braucht man die Kraft, sie mit dem Partner zu teilen. Das gilt sowohl für Frauen als auch für Männer.«

Aber schon am Anfang ihres Weges mit dem Yoni-Ei stellen Frauen schnell Veränderungen fest.

> “ Ich habe mithilfe des Yoni-Eis meine Sexualität komplett neu entdeckt. Ich habe mich vor drei Jahren scheiden lassen und dann mein Leben ganz neu in die Hand genommen. Jetzt habe ich einen Menschen kennengelernt, mit dem mich sexuell viel verbindet. Meine Sexualität ist ganz einfach dynamischer geworden, erfindungsreicher, *besonderer.* ”
>
> *Jeanne*

Die Entdeckung und das Genießen der eigenen Sexualität und der weiblichen Energie ist in jedem Alter eine der großen Segnungen der Praxis mit dem Yoni-Ei.

»Für heterosexuelle Paare ist die Penetration ein wichtiger Vorgang, weil sie eine urtümliche Vereinigung darstellt. Es kann eine unglaublich intensive Begegnung sein. Aber wenn man sich mit dem falschen Partner einlässt, braucht die Yoni, die Energie sehr genau wahrnimmt, eine sehr kräftige Penetration, um überhaupt etwas zu spüren. Nach taoistischer Lehre kommt es bei einer ungeschützten Penetration, also Haut an Haut, zu einer Begegnung auf tiefer karmischer Ebene. Die starken sexuellen Energien, die sich in den Geschlechtsorganen sammeln, enthalten auch die Energien unserer Vorfahren: das Chi unserer Vorfahren und ihr Karma. Das heißt: Alles, was in unserer Abstammungslinie bearbeitet werden musste, wurde auf uns übertragen. Bei einer Penetration besteht die Gelegenheit zu einer tiefgreifenden Bearbeitung dieser Dinge. Aber wenn diese Tür geöffnet wird, wenn man den Akt mit Menschen vollzieht, denen man nicht sehr viel

Liebe und Verbundenheit entgegenbringt, kommen alle Probleme wieder hoch. Je stärker die Gefühle sind, die da aufsteigen, und je stärker man sich dann ihnen verschließt, desto eher wird es darauf hinauslaufen, dass man dem Sexualpartner am nächsten Morgen nicht in die Augen sehen kann.«

Die Freisetzung schöpferischer Energien

Die Lebensenergie, das Chi, ist eine universelle Kraft, die in den Meridianen fließt. Auf der Ebene der Yoni kann das Chi blockiert sein und stecken bleiben. Wenn Sie das Ei tragen, wecken Sie diese Energie sanft wieder auf und bringen sie in Bewegung, sodass sie in Ihrem Körper weiterfließen kann. Tatsächlich ist die Suche nach der schöpferischen Kraft in uns eine ganzheitliche Sache: Es ist zum Beispiel auch wichtig, dass Sie tief atmen, um Ihrem Körper Sauerstoff zuzuführen – was dazu beiträgt, die Energie fließen zu lassen.

Wenn die Wogen sexueller Energie im Körper hochsteigen, ziehen sich die Muskeln sachte und spontan zusammen. Der Körper bewegt sich freier, harmonischer, sanfter … Das Yoni-Ei dient dazu, Sie dabei zu begleiten und allmählich immer mehr Freude und Vitalität freizusetzen. Deshalb spricht man in Bezug auf das Yoni-Ei auch vom Energie-Ei. Es sorgt für ein Ansteigen der Vitalität und der Energie im Körper der Frau. Die wichtigste Praxis besteht darin, durch das Ei mehr Muskeln aufzubauen. Jutta Kellenberger schreibt dazu: »Wenn man die Übungen macht, fühlt man sich vollkommen energetisiert, dynamisiert, weil uns das so viel Leben schenkt und weil sich so viele Energien in unserer Yoni sammeln.«

Aisha Sieburth hat mir das folgendermaßen erklärt:

»Das Mineral, aus dem das Ei gemacht ist, kommt aus der Erde und ist ein sehr edles Material. Es ist dazu in der Lage, den ›heiligen Gral‹ unserer Weiblichkeit zu erwecken, diesen Ort, wo sich die schöpferischen Energien zu jeder Zeit mit den Energien der Erde verbinden. Mit den Bäumen, allen Lebewesen und unserer eigenen sexuellen Energie. Mit allem, was Leben schaffen kann. Wir haben die Kraft, Leben zu schaffen, ist das nicht unglaublich?

Wenn diese Energie nicht dazu dient, ein Kind zu empfangen, kann sie sich auf viele andere Lebensprojekte richten, auch spirituelle Projekte. Das Yoni-Ei hilft uns dabei, Kreativität und Erfüllung zu finden, unseren

Platz als Frau im Gleichgewicht unserer männlichen und weiblichen Aspekte. Dann schwingen unsere schöpferischen Energien in Harmonie.

Durch unsere Körperöffnungen nehmen wir die nährende Energie der Erde auf, um unsere eigenen Energien zu stärken, auch die unserer Drüsen. Alle Flüssigkeiten können dann besser strömen und uns innerlich reinigen, uns verwandeln und das Feuer unserer sexuellen Energie anfachen. Wenn sich dieses Feuer mit dem Feuer der Liebe in unserem Herzen verbindet, entsteht eine Art inneres Lächeln. Und unsere Drüsen und Organe können wiederum genährt werden, sodass sie gereinigt werden – zum ersten Mal ganz im Einklang mit den Elementen der Natur.«

Erinnerungen aus der Vergangenheit freisetzen

Das Yoni-Ei wird Ihnen helfen, viel mehr zu fördern als »nur« Ihre sexuelle Aktivität, Ihr Wohlbefinden und Ihr Selbstvertrauen. Das wäre schon sehr viel, aber es gibt noch mehr: Es befreit die Familienerinnerungen, die in Ihrer Yoni eingraviert sind. Tatsächlich kann das Yoni-Ei zu einem Vorgang führen, den man als »generationenübergreifende Reinigung« bezeichnet. Aisha erklärt: »Es ist einfach wunderbar, eine Art Alchimie, eine Verwandlung. Wir verwandeln Blei in Gold, oder anders gesagt, wir verwandeln all unsere Verletzungen, unsere Schmerzen, Schwierigkeiten, Hindernisse, die sich angesammelt haben, seit wir auf dieser Erde leben. Alles Ungesagte und Unaussprechliche, die falschen Glaubenssätze und Gedanken, alles, was wir von früheren Generationen übernommen haben, ohne darüber zu sprechen. Die Frauen, die vor uns gelebt haben, haben uns eine heilige Last auferlegt, die von Yoni zu Yoni weitergegeben wurde und wird. Es ist wie ein Wunder. Zu wissen, dass wir hier und jetzt, in unserem Leben, die Knoten auflösen, alle Ketten des Leidens, der Schwierigkeiten ablegen können – all das mithilfe des Jade-Eis. Ich habe außerdem eine große Grundlagenarbeit leisten können, eine große Vorbereitungsarbeit, indem ich mich besser kennenlernte und ein Maximum an Wasser und Feuer im ›heiligen Gral‹ sammeln konnte.«

Wenn wir unserem Körper Respekt entgegenbringen, die Göttin in uns ehren und die Yoni als ihren heiligen Tempel betrachten, wenn wir auf ihre Botschaften hören, ihre Symbole durch Rituale und ein gerechteres und persönlicheres Zuhören wiederfinden – all das wird dazu beitragen, dass wir unsere sexuelle wie auch spirituelle Energie aktivieren und transformieren können. Dazu brauchen wir nur Zeit und regelmäßige Übung.

Positive Auswirkungen auf die intime Gesundheit

Der erste Nutzen körperlicher Art, den das Ei uns bringt, ist also ein besseres Kennenlernen unserer intimen Anatomie. Wenn wir das Ei einführen, lernen wir diesen Teil unseres Körpers besser kennen und verstehen, ja lieben. Und indem wir durch das Ei unsere Yoni und ihre Öffnung (die großen und kleinen Schamlippen) kennenlernen, nehmen wir sehr schnell vorhandene Spannungen wahr.

Wenn Sie ein wenig Schmerz oder Schamgefühl empfinden, nehmen Sie sich Zeit, um diesen Teil Ihres Körpers zu erforschen und Ihre Yoni mit dem Ei aus Stein zu massieren. Der wechselnde Druck im Kontakt mit dem äußeren Bereich Ihrer Yoni wird die Spannungen lösen. Es kann sein, dass Gefühle und verschüttete Erinnerungen in Ihnen aufsteigen. Heißen Sie sie willkommen, ohne sie zu beurteilen. Genießen Sie den Moment, seien Sie freundlich zu sich selbst. Machen Sie sich auf eine spielerische Entdeckungsreise zu Ihrer Yoni, ohne Tränen und Lächeln zurückzuhalten. Die Massage mit dem Ei erlaubt es Ihnen, sich selbst besser kennenzulernen, und erleichtert das Einführen, von dem ich im Praxiskapitel sprechen werde. Es kann durchaus sein, dass Sie sexuelle Erregung empfinden und feucht werden.

Das Ei lädt auch zu neuen inneren Empfindungen ein. Mit der Zeit werden Sie in der Lage sein, verschiedene Teile Ihrer Vagina zu spüren, ihre Textur, ihre Wärme. Wenn Sie offen und neugierig bleiben, wird dieses Kennenlernen eines bisher vielleicht tabuisierten Bereichs Sie zu mehr Erfüllung in Ihrem Alltag führen. Schritt für Schritt wird Ihnen Ihre Yoni vertraut – wie es Florence formuliert hat:

> “ Der Umgang mit dem Ei hat mich in die Lage versetzt, das Innere meiner Yoni besser kennenzulernen und überhaupt viel bewusster zu werden.
>
> *Florence* ”

Mehr Tonus für den Beckenboden

Ein straffer Beckenboden ist gut in Form und hat positive Auswirkungen. Mit den Informationen aus dem Test, den ich ein paar Seiten zuvor beschrieben habe, und nach Rücksprache mit Ihrem Arzt oder Therapeuten wissen Sie jetzt, wie es um den Tonus Ihres Beckenbodens bestellt ist und wie wichtig es ist, den Tonus dieses Bereichs zu stärken und zu trainieren. Am besten schon, bevor sich negative Erscheinungen zeigen.

> »Meine Erwartungen an das Yoni-Ei gingen dahin, meine Vagina zu trainieren, die sehr schlaff war, obwohl ich kein Kind bekommen hatte. Ich wollte auf diese Weise auch verhindern, dass meine Menopause zu früh eintrat.«
>
> *Anne*

Zu angespannt oder zu schlaff, ohne Tonus oder mit zu viel Straffheit – in beiden Fällen empfinden wir weniger Genuss bei sexuellen Begegnungen. Vor allem aber kann der Beckenboden seine wichtige Funktion in unserem Körper nicht erfüllen. Es darf nicht unser Ziel sein, eine übersteigert »muskulöse« Yoni zu haben. Eine solche könnte sich ebenso negativ auswirken: mit Krämpfen, Schmerzen und einer Einschränkung der Durchblutung. Auch hier hilft das Ei, um zu starke Anspannungen zu lösen.

> »Ich habe mir ein ziemlich kleines Yoni-Ei gekauft, um meinen seit längerer Zeit stark verkrampften Beckenboden umzutrainieren.«
>
> *Valentine*

Das Ziel besteht vor allem darin, einem Absinken der Organe durch ein Erschlaffen des Beckenbodens vorzubeugen. Dann kann der Körper optimal funktionieren.

Die vielen Muskeln in unserem Becken bilden eine Art »Hängematte«, die unsere Organe hält. Sie beginnt am Venushügel und zieht

> Ich habe sehr schnell eine Verbesserung im Tonus meines Beckenbodens festgestellt. Und insgesamt habe ich mehr Energie und Wohlbefinden empfunden.
>
> *Pauline*

sich bis zur Wirbelsäule hin. Und wie eine Hängematte kann auch der Beckenboden sich ausdehnen, abnutzen, erschlaffen, sodass sich die Organe absenken. Urin-Inkontinenz, Krämpfe, Scheidentrockenheit oder -nässe, schwache Libido, Schmerzen im Beckenbereich und in der Vagina können die Folge sein, wenn der Tonus in diesem Bereich unseres Körpers nachlässt.

Aisha Sieburth schreibt dazu: »Wenn man den Beckenboden wieder trainieren will, muss man erst einmal verstehen, was er ist, wo er sich befindet und wofür er gut ist. Der Beckenboden setzt sich aus einer Vielzahl von Muskeln zusammen, die zusammenwirken. Diese Muskeln sind aktiv, und ihr Zusammenwirken sorgt für ein gutes Funktionieren des gesamten Beckenbereichs. Bestimmte Gewebe, Ligamente und Faszien, erlauben es den Muskeln, die Organe und alle anderen Strukturen des Unterleibs zu halten. Außerdem kontrollieren diese Gewebe zusammen mit den Muskeln des Beckenbodens die Öffnungen der Vagina, des Anus und der Harnröhre. Sie alle werden durch Nervenstränge kontrolliert, die sich vom Gehirn ausgehend durch das Rückenmark ziehen. Ihre Gesundheit und Ihre körperliche Fitness sind direkt abhängig von einem guten Tonus des Beckenbodens! Und das Yoni-Ei hilft Ihnen, diesen Tonus zu erhalten.«

Das Einführen des Eis sowie eine Reihe von Übungen zum Zusammenziehen und Loslassen trainieren den Beckenboden und die Vagina. Die vorbeugende Benutzung des Yoni-Eis, die ein ganzes Frauenleben lang sinnvoll ist, verhilft Ihnen zu einer erfüllten, ausgeglichenen intimen Gesundheit.

Ein Absenken der Organe verhindern

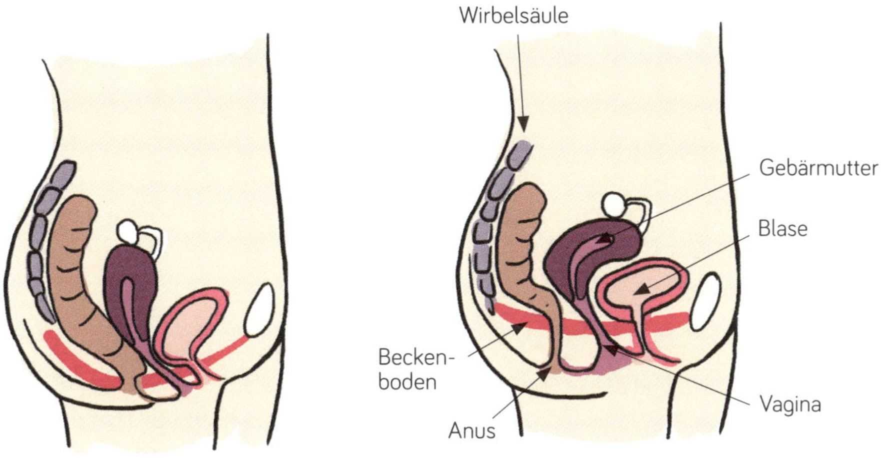

• Mit geschwächtem Beckenboden •

• Mit normalem Beckenboden •

In der linken Abbildung ist der Beckenboden geschwächt, die Organe senken sich ab. Nur wenn der Beckenboden straff und fest ist, kann die Vagina es auch sein.

Um unseren Beckenboden stark und reaktiv zu erhalten, braucht es die regelmäßige Praxis mit dem Yoni-Ei. Wenn die Absenkung der Organe bereits fortgeschritten ist, wird das aber nicht ausreichen. Ob sich die Organe bereits abgesenkt haben und was dagegen zu unternehmen ist, kann nur ein Arzt oder Therapeut feststellen. Das Yoni-Ei kann dann eine medizinische Behandlung aber unterstützen, den Beckenboden weiterhin trainieren – oder eben verhindern, dass eine solche Absenkung überhaupt stattfindet.

Aisha Sieburth präzisiert: »Organabsenkungen sind oft mit einem Mangel an Energie und Bewusstsein für das Becken verbunden. Es reicht schon, diese Energie wieder zu wecken, indem man pumpende Bewegungen trainiert, den Beckenboden anhebt und das Steißbein mit dem Beckenboden umkreist. Dabei macht man bestimmte Atemübungen. Das Yoni-Ei ist eine großartige Unterstützung, um die Muskeln und das Bindegewebe zu kräftigen.«

Den Zyklus regulieren, schmerzhafte Regelblutungen und PMS lindern

Das prämenstruelle Syndrom (ziehende Bauchschmerzen, Krämpfe, Stechen in den Oberschenkeln, Müdigkeit, Spannungsgefühl in den Brüsten, Kopfschmerzen, Stimmungsschwankungen, Wassereinlagerungen, Übelkeit und Durchfall), schmerzhafte Regelblutungen und Zyklusunregelmäßigkeiten machen vielen Frauen zu schaffen. Aber es gibt natürliche Hilfen, um Zyklusprobleme zu beheben – eine davon ist die Praxis mit dem Yoni-Ei.

> Ich hatte sehr lange Zyklen mit einer Dauer von etwa fünfundvierzig Tagen und starke Blutungen. Die Pille nehme ich nicht. Durch die Anwendung des Yoni-Eis haben sich die Zyklen verkürzt. Jetzt habe ich jeden Monat Blutungen, die aber weniger stark sind.
>
> *Émeline*

> Insgesamt nehme ich die Muskeln in meiner Vagina bewusster wahr. Meine Gebärmutter ist nach hinten abgeknickt. Früher ergaben sich daraus sehr schmerzhafte Spannungen, auch schmerzhafte Regelblutungen, Schmerzen beim Bücken und im Liegen sowie Rückenschmerzen.
>
> *Sophie*

Auch Aisha Sieburth schreibt, dass sie unter ihren Regelblutungen litt: »Als ich jung war, hatte ich schmerzhafte Regelblutungen. Als ich die Praxis des Yoni-Eis und der Brustmassage kennenlernte, war das wie eine Offenbarung. Es war unglaublich! Von einem Zyklus zum anderen ging es mir nicht mehr schlecht, ich hatte keine Symptome mehr, nicht mal mehr Migräne. Meine Regelblutungen wurden außerdem schwächer und kürzer.«

Ihr Rat lautet: »Das Hormonsystem leidet unter Stress, negativen Gefühlen, schlechter Ernährung und einem insgesamt schädlichen Lebensrhythmus … All dies sind Faktoren, die die Verbindung und Kommunikation zwischen den Drüsen stören und ganz allmählich dafür sorgen, dass die Energie der Beckenorgane stagniert. Wie bei jeder Blockade muss man den Körper sanft und in der Tiefe bewegen, um die Energie wieder zum Fließen und das Becken wieder in Gang zu bringen, die Drüsen wieder untereinander zu verbinden und ihre Funktion wiederherzustellen. Das gelingt durch die Selbstmassage des Bauchs und der Brüste in Kombination mit Atemübungen und der Praxis mit dem Yoni-Ei. Sie bringen alles wieder zum Fließen, tonisieren die sexuellen Energien und wirken ausgleichend auf den Zyklus. Auf diese Weise werden die Symptome gelindert, die auf einer Energieblockade und einer Verstopfung der Drüsen beruhen. Das kann schon in jungen Jahren beginnen. Wassereinlagerungen, schmerzende Brüste, Hautirritationen, Magen-Darm-Probleme, Übelkeit, Schweregefühl im Becken, Kopfschmerzen, Reizbarkeit, Nervosität und Depressionen gehören dazu.«

Das Yoni-Ei sollte während der Regelblutung nicht angewandt werden. In dieser Zeit braucht Ihre Yoni Ruhe und Platz, um das Menstruationsblut auszuscheiden, keine Stimulation. Wenn Sie sich trotzdem dazu entscheiden, das Ei während dieser Zeit anzuwenden, dann lassen Sie es nicht länger in der Yoni als einen Tampon und reinigen Sie es sorgfältig, um keine gesundheitlichen Risiken einzugehen. Zur Reinigung des Eis werde ich in einem der späteren Kapitel noch mehr sagen.

Geburtsvorbereitung

Eine natürliche Geburt wird durch eine straffe Yoni erleichtert. Wenn eine Frau in den Monaten vor der Schwangerschaft mit dem Ei trainiert, baut die Yoni so viel Kraft und Tonus auf, dass sie das Ei aus eigener Kraft herausdrücken kann. Die Frau spürt bis zu diesem Punkt immer mehr Können, Energie und Kraft, wenn sie das Ei entfernt.

Ist ihre Yoni so stark geworden, benutzen viele Frauen den Rückholfaden gar nicht mehr, den man an dem Ei befestigen kann. Er hilft bei der Entfernung des Eis, ähnlich wie bei einem Tampon, vor allem zu Beginn der Übungen. Ich werde im Praxiskapitel noch näher darauf eingehen.

Im Laufe der Übungen wird die Yoni immer geschmeidiger und flexibler. Geübte Frauen können diese neu gewonnene Kraft nutzen, um die Geburt zu erleichtern. Einige empfinden den Geburtsvorgang wie einen Orgasmus.

Die Anwendung des Yoni-Eis während der Schwangerschaft ist eine heikle Sache. Viele Experten raten davon ab. Während der ersten drei Schwangerschaftsmonate ist das Risiko einer Fehlgeburt besonders hoch. Frauen, die mehr als sechs Monate vor der Empfängnis angefangen haben, mit dem Yoni-Ei zu trainieren, die es regelmäßig genutzt haben, sich in dieser Praxis sicher fühlen und gut auf ihren Körper hören, können damit weitermachen, um die Verbindung aufrechtzuerhalten – aber nur in kurzen Einheiten und in gutem Kontakt mit ihrer Yoni. Auch sie sollten das Ei jedoch nicht beim Schlafen tragen.

Zur Vorbeugung und Heilung

Die Praxis mit dem Yoni-Ei kann auch deutliche Auswirkungen in der Prävention oder Aufdeckung gesundheitlicher Probleme haben. Das ist nicht weiter erstaunlich: Wenn Frauen ihre Yoni besser wahrnehmen und in sich hineinhorchen, bemerken sie schneller, ob irgendetwas nicht stimmt oder ob ihre Yoni etwas braucht, um sich besser zu fühlen. Das Ei hilft ihnen, diese Wahrnehmung vorteilhaft zu entwickeln und sich nötigenfalls an ihren Arzt oder Gynäkologen zu wenden. Auch im Fall eines wichtigeren medizinischen Eingriffs, beispielsweise nach einer schwierigen Geburt oder einer Operation, wird das Ei ihnen helfen, sich schnell wieder besser zu fühlen. Zahlreiche konkrete Beispiele bestätigen das.

So schreibt Aisha Sieburth: »Im Fall einer Hysterektomie (sogenannte ›Totaloperation‹, die Entfernung der Gebärmutter) kann das Jade-Ei benutzt werden (sofern keine medizinischen Bedenken vorliegen). Es kann besonders nützlich sein, weil diese Operation ja eine körperliche und energetische ›Leere‹ hinterlässt. Eine achtsame und freundliche Praxis mit dem Yoni-Ei kann Sicherheit auf körperlicher und energetischer Ebene geben, sie kräftigt die inneren Gewebe und hilft ihnen und dem Hormonhaushalt, sich zu stabilisieren. Bald werden Organe, Drüsen und Gewebe die Leere ausfüllen und sogar einige Funktionen übernehmen, die früher der Gebärmutter und den Eierstöcken zukamen. So entsteht noch mehr Energie, der Körper wird vitalisiert und die Heilung gefördert.«

▶ Rückbildung nach einer schweren Geburt

> “ Es war nach der Geburt meines Kindes. Der Dammschnitt war gerissen und hatte sich entzündet – es war eine Katastrophe. Kein Gefühl mehr im Gewebe, ich war inkontinent … ganz toll, wenn man gerade mal dreißig Jahre alt ist! Mein Homöopath hat mir geraten, es mit *alternativen Methoden* zu versuchen. Also habe ich in ein Yoni-Ei investiert. Das hat mir sehr geholfen. ”
>
> *Laurence*

Entdeckung eines Fibroms

> „In der ersten Woche habe ich durch das Ei ein stechendes Gefühl entdeckt. Diese Störung konnte ich mir gar nicht erklären. Ich habe einen Termin bei meinem Gynäkologen gemacht, und er hat ein altes Fibrom entdeckt, so groß wie ein Golfball. Ich bin dem Ei sehr dankbar, dass es mir diesen Hinweis gegeben hat."
>
> *Brigitte*

Harn-Inkontinenz

Millionen Frauen in Deutschland leiden unter Harn-Inkontinenz. Häufig handelt es sich um eine Inkontinenz bei körperlicher Anstrengung oder um eine altersbedingte Störung. Beim Niesen oder Husten, bei einer körperlichen Anstrengung oder beim Sport geht eine kleine Menge Urin ab. Auch junge Frauen können davon betroffen sein, vor allem bei intensiver sportlicher Betätigung oder nach einer Geburt. Ab der Menopause leiden sehr viele Frauen darunter, weil die Muskeln schwächer werden.

In allen Fällen ist die Harn-Inkontinenz körperlich gesehen das Ergebnis eines Erschlaffens des Beckenbodens oder des Schließmuskels, der die Harnröhre um- und die Blase verschließt. Die Übungen mit dem Yoni-Ei führen zu einer Stärkung des Beckenbodens, sodass sich die Blase wieder hebt und die Harnröhre gut verschlossen bleibt. Wenn die Yoni-Ei-Übungen regelmäßig gemacht werden, sind schon nach wenigen Wochen Verbesserungen zu spüren. Wie jeder andere Muskel muss auch der Beckenboden regelmäßig trainiert werden, um stark zu bleiben.

Sexualität und Libido

Stimulation und Befeuchtung der Vagina

Scheidentrockenheit ist immer noch ein Tabuthema und wird von Frauen selten angesprochen. Oft wird sie als Irritation, Brennen oder einfach nur als unangenehmes Gefühl während oder nach dem Geschlechtsverkehr wahrgenommen. Diese Trockenheit steht in Zusammenhang mit einem generellen Mangel an Befeuchtung der Vagina. Die beiden Erscheinungen sind unabhängig voneinander, aber eng verbunden.

Die Osteopathin Corinne Léger erklärt dazu: »Im Normalfall ist die Vagina ein wenig feucht. Dazu kommt dann die Befeuchtung durch sexuelle Erregung. Bei Trockenheit der Vagina kann man eine natürliche Creme oder Kokosöl benutzen, um eine bessere innere Befeuchtung herzustellen, sodass das Yoni-Ei eingeführt werden kann. Das Tragen des Eis und die Übungen helfen dann, die natürliche Feuchtigkeit der Vagina wiederherzustellen.«

Nutzerinnen des Yoni-Eis bestätigen, dass das Ei diese befeuchtende Wirkung hat.

> “ Nachdem ich das Ei ein paar Mal getragen hatte, spürte ich, dass ich wieder feuchter wurde. Die gesamte Sekretion lief wieder an, die während der Wechseljahre nachgelassen hatte. Und sogar meine Regelblutungen setzten nach sechs Monaten Pause wieder ein.
>
> *Cathy* ”

Dynamisierung und Ausgleich der Libido

Die Libido, unsere Lust auf sexuelle Freuden und Sehnsüchte, ist etwas sehr Individuelles. Schwächephasen der Libido erleben wir alle gelegentlich. Bevor ich näher darauf eingehe, will ich deutlich sagen, dass es keine »normale« Libido gibt, ebenso wenig wie einen »normalen« sexuellen Rhythmus. Die genannten Schwächephasen können die unterschiedlichsten Ursachen haben. Ein Mangel an Libido ist oft mit Stress verbunden, mit Schwierigkeiten im Job, Müdigkeit und Erschöpfung, Schmerzen, Krankheiten und Medikamenten oder Sorgen.

Auch der Alltagstrott hat eine Auswirkung auf die Libido. Es lohnt sich, mit einem Sexologen oder mit einem anderen Spezialisten zu sprechen, wenn eine Situation von schwacher Libido eintritt, um herauszufinden, ob sie mit dem Partner zu tun hat oder allgemeiner Natur ist.

> Durch das Ei wacht meine Libido wieder auf. Ich fühle mich wie neugeboren. Nach der Trennung von meinem Partner vor zwei Jahren dachte ich, sie sei auf immer verloren.
>
> *Delphine*

Wenn wir lernen, uns wieder zu lieben, unseren Körper zu lieben und neu zu entdecken, gehört das zum natürlichen Rhythmus unseres Lebens. Zärtlichkeit, Massagen, Küsse, Vergnügen und Genuss können wir uns auch selbst schenken, wenn unser Partner nicht da ist oder wenn wir sowieso allein leben. Und wenn wir das Yoni-Ei benutzen, haben wir keine Ausrede mehr, es nicht zu tun.

Es ist sicher, dass unser Körper zu uns spricht und dass wir uns nicht immer die Zeit nehmen, auf seine Botschaften zu hören. Durch die Praxis mit dem Yoni-Ei achten Frauen wieder mehr darauf, sich Zeit für sich selbst und ihren Körper zu nehmen und genauer auf ihn zu achten. Das Ei gibt ihnen Gelegenheit, sich mit sanften, achtsamen Gesten ihrem Körper zuzuwenden.

»Das Yoni-Ei schenkt diesem Bereich unseres Körpers sehr viel Energie, sodass sich auch die sexuelle Energie erneuert. Wenn man sich nicht gut fühlt, bereitet es ein neues Kribbeln, neue Freuden und eine ganz andere Qualität des Orgasmus. Es geht um ein Gleichgewicht von Erregung und Entspannung, und es ist sehr wichtig, dass Frauen das wieder spüren. Die Praxis mit dem Yoni-Ei erlaubt es uns, den Mangel in uns zu beheben«, erklärt Aisha Sieburth.

Ihre Yoni spürt es, wenn Sie auf sie hören. Sie wird Ihnen die nächsten Schritte zeigen, ob es sich nun um einen Termin beim Spezialisten handelt oder ob Sie einfach nur regelmäßig üben sollten. Viele Frauen spüren durch die Anwendung des Eis eine Verbesserung ihrer Libido, sei es durch eine Verbesserung der intimen Gesundheit, durch eine stärkere Befriedigung oder einen Abbau von Spannungen.

> „Meine Libido ist ganz eindeutig stärker geworden, meine Yoni ist wieder lebendiger und ich fühle mich weiblicher, besser geerdet."
>
> *Émilie*

Es lohnt sich also, etwas für sich zu tun. Dabei ist das Yoni-Ei nicht die einzige Möglichkeit, aber es trägt durch den Wechsel von Anwendung und Pause dazu bei, dass Sie Ihren Körper besser verstehen, genauer auf seine Bedürfnisse hören und bewusster mit diesem heiligen Teil Ihres Organismus umgehen. Außerdem fördert es Ihr Selbstbewusstsein und damit Ihre Weiblichkeit.

> „Ich habe bemerkt – oder besser, ich bin mit der Nase darauf gestoßen worden –, dass mein Wohlbefinden auch von der Lebensenergie abhängt, die in meinem Körper fließt. Und meine Libido ist ein Teil davon."
>
> *Loriane*

Wenn Sie Ihre Yoni respektieren und in Ehren halten wie einen heiligen Tempel, schenkt sie Ihnen noch mehr Gründe, um das Leben zu feiern und die vielleicht verloren gegangene Kommunikation mit ihr wieder dauerhaft aufzunehmen.

Und wenn Ihnen Ihre Libido wichtig ist, kann das Ei sehr hilfreich sein.

»Das Feuer ist entfacht oder brennt schon! In beiden Fällen ist die Frage, wie man sein Leben schöner oder weniger schön machen kann, je nachdem, wie man sich verhält. Am besten ist es, wenn man lernt, die sexuelle Energie zu lenken, und sich nicht zu ihrem Sklaven machen lässt«, schreibt Aisha Sieburth.

Die Intensivierung des Orgasmus

Vorspiel, Zärtlichkeiten, Stellungen, Atmung, Kommunikation, Stimme, Rhythmus, Stimulation, Bewegung – von all dem erzählt der Orgasmus. Zu diesem Thema gibt es viele Ratschläge. Denn wer will nicht mehr davon? Es ist ein außerordentlicher Moment, in dem die gesamte Energie des Körpers freigesetzt wird, in dem der Geist stillsteht und man eins ist mit dem Leben. Zeit und Raum existieren nicht mehr. Ja, der Orgasmus verbindet uns mit dem Universum und mit Empfindungen, die manche auch in der Spiritualität, der Meditation, dem Yoga oder in energetischen Therapieformen suchen. Der siebte Himmel ist durchaus erreichbar und kann stärker werden, intensiver und freier. Wer würde sich das nicht wünschen?

»Wenn diese Energie ansteigt, öffnen sich Herz und Geist. Sie steigt bis ins erste Chakra hinauf. Und wenn sie das tut, fühlt es sich an, als würden wir eins mit allem, was existiert. Eins mit dem Universum. Als würden wir uns daran erinnern, dass wir immer schon eins mit dem Universum waren. Für mich liegt darin das große spirituelle Geheimnis heiliger Sexualität«, schreibt Shashi Solluna.

Es gibt keinen geheimen Orgasmus-Knopf und auch keine unfehlbare Technik dafür. Eine Intensivierung des Orgasmus ist eng mit einem besseren Verständnis für unseren Körper verbunden, mit einem besseren Hinhören, besserer Entspannung und besserem Fallenlassen. Eile ist dabei vollkommen fehl am Platz. »Frauen sind wie Wasser. Sie brauchen Zeit, bis sie kochen. Männer sind wie Feuer. Sie brauchen nicht lange, um zu entflammen«, hat Mantak Chia auf einer Konferenz in Paris zu mir gesagt. »Männer können nicht eine Frau zum Orgasmus bringen, und dann glauben, so ginge es jetzt jedes Mal«, fügt José Toirán hinzu, der früher als Pornodarsteller gearbeitet hat und heute überzeugter Tao-Lehrer ist.

> Ich erlebe Orgasmen, wenn ich das Ei trage und mich streichle. Das ist ein großer Fortschritt.
>
> *Sophie*

> Ich wünsche mir eine erfülltere Sexualität, ein Spiel mit allen Sinnen, ein Dasein in Harmonie mit meinem Körper. Und mit meiner Seele.
>
> *Perrine*

Aber man spielt ja nicht nur im Bett oder bei sonstigen Begegnungen miteinander. Sex ist eine Lebensanschauung. Es geht darum, jeden Moment seines Lebens zu genießen. Es geht darum, in allem das Gute zu sehen, wertzuschätzen, zu empfangen und genüsslich zu verkosten. Es ist ein Ja zum Leben selbst.

Von der Klitoris zum Gehirn

In verschiedenen Interviews während der letzten acht Jahre habe ich erfahren, dass es verschiedene Arten von Orgasmus gibt: den der Klitoris, den der Gebärmutter und den … des Gehirns. Jutta Kellenberger zufolge »haben die meisten Frauen Schwierigkeiten, zum Orgasmus zu gelangen. Andere haben zwar einen Klitoris-Orgasmus, spüren aber nichts im Inneren ihrer Yoni. Der Orgasmus der Gebärmutter oder des Gehirns ist ihnen vollkommen unbekannt.« Sie erklärte mir weiter: »Wenn die Energie fließt, steigt sie wie eine Fontäne ins Herz und ins Gehirn.«

Wenn ein Klitoris-Orgasmus möglich ist, lohnt es sich, zunächst am vaginalen Orgasmus zu arbeiten, also am Orgasmus des G-Punktes. Das ist ein heiliger Orgasmus, weil er mit der weiblichen Ejakulation verbunden ist, einer großen emotionalen Befreiung, einer Reinigung und Freisetzung von Erinnerungen. Die Praxis mit dem Yoni-Ei bereitet die Frau auf diese Etappen vor.

Erfüllte Sexualität in jedem Lebensalter

Die Pornoindustrie mit ihren Milliardengewinnen hat den Sex entweiht, entleert und den Frauen entfremdet. José Toirán erklärt uns, wie es kam, dass er sich davon abwandte und nach sieben aktiven Jahren die Pornoindustrie verließ, um als Coach und Sexualtherapeut zu arbeiten: »Ich musste lernen, meine Ejakulation zurückzuhalten. Die Filmszenen dauerten ewig, und ich durfte nicht kommen, wann ich wollte. Das war sehr unnatürlich. Alles wird so eingerichtet und gefilmt, dass es aussieht, als wären die Szenen echt, aber das sind sie nicht. Viele Darsteller werden drogenabhängig und neurotisch, bekommen Gesundheitsprobleme oder leiden auf andere Weise. Sie sind Gefangene des Geldes und der Macht. Die Industrie mit ihren Milliardengewinnen richtet sehr viel Schaden an.«

Es kann überhaupt nicht das Ziel sein, so zu werden wie ein Pornostar. Das ist weder machbar noch wünschenswert, nicht einmal mit irgendwelchen Stimulanzien. Jutta Kellenberger erinnert daran: »Die Sexualität ist untrennbar mit unserer Lebensenergie verbunden. Wenn unsere Lebensenergie schwach ist, brauchen wir Kaffee und andere Anregungen, weil wir müde sind und es irgendwie bis zum Wochenende schaffen müssen. Die Leute tun einfach zu viele schädliche Dinge. Sie tun sich damit nichts Gutes.«

Im Gegensatz zu anderen hat sich José weiterentwickelt und die Pornoindustrie verlassen, und zwar mithilfe taoistischer und tantristischer Praktiken, die er jetzt auch unterrichtet.

»Ich habe bei Mantak Chia gelernt und in seinen Büchern über den Orgasmus ohne Ejakulation gelesen. Das war eine echte Offenbarung für mich. Niemals hätte ich mir vorstellen können, dass der Körper dazu fähig ist. Dann habe ich ein neues Leben angefangen und noch sehr viel gelernt, sodass ich mein Wissen heute an Frauen weitergeben kann, aber auch an Männer, die lernen wollen, ihre Sexualität anders zu leben als im Porno oder in ihren alten, schmerzhaften Erinnerungen.« Er fügt hinzu: »Man kann alles reparieren. Wir sind nicht dazu verdammt, mit unseren einschränkenden Erfahrungen zu leben. Ich bin überzeugt, dass Heilung möglich ist, für alle. Es ist einfach nicht menschlich, mit einschränkenden Erinnerungen zu leben und für den Rest seines Lebens darunter zu leiden.«

Frauen können in jedem Lebensalter ihren Körper und die Freuden einer erfüllten Sexualität wiederentdecken. Das kann zu einem Ritual werden, einem Moment der Erfüllung, der Freude und Freiheit. Das Vergnügen, der Orgasmus, die Libido und die Energie hören nicht auf zu strömen. Das macht Freude, aber auch Sinn. Es beginnt mit einem besseren Verständnis der Yoni, ihrer Empfindungen und Freuden. Dann folgt ein größerer Respekt vor dem eigenen Körper und der Sexualität, wie es Shashi Solluna ausdrückt: »Wenn man einen heiligen Tempel besitzt, der wunderschön geschmückt ist, dann will man nicht, dass jemand mit dreckigen Stiefeln dort hineinstolpert. Man behandelt den Tempel zärtlich und kümmert sich um ihn. Man erwartet, dass die Leute sich waschen, bevor sie eintreten. Sie verbeugen sich ehrerbietig, bevor die Türen sich öffnen.«

Im Laufe des Lebens und der Praxis mit dem Yoni-Ei wünschen sich Frauen Begegnungen und Partner, die respektvoll mit ihnen umgehen, sich Zeit nehmen und auf die Göttin in ihnen achten. Dann sind die Tore ihrer Yoni voller Dankbarkeit für Liebende, die ihre Zerbrechlichkeit in Ehren halten, ihre Schönheit, ihre Kraft und Zartheit. Das ist ein ganz neuer Anfang.

> “ Ich lasse mich heute mehr auf die fleischlichen Genüsse ein. Meine Sexualität hat sich verbessert, aber vor allem ist mein Blick auf meinen eigenen Körper weicher geworden. Das Erstaunlichste ist jedoch meine Garderobe. Ich trage jetzt viel weiblichere Kleidung.
>
> *Julie* ”

Initiation junger Frauen

Wie wichtig es ist, eine erfüllte Sexualität zu leben, wird unter jungen Frauen nicht frei besprochen. Die Bilder und Videos aus dem Internet verhindern geradezu, dass junge Frauen ihrem Partner all ihre Fähigkeiten zum Vergnügen und zum Genuss schenken. So finden sie auch selbst nicht die Befriedigung, die sie so sehr suchen.

Die Praxis, den eigenen Körper, die innere Schönheit und Lebensenergie kennenzulernen und von Frau zu Frau weiterzugeben, von Generation zu Generation, ist leider verloren gegangen. In manchen Teilen der Welt und in manchen Traditionen versammeln sich die Frauen für sich, ebenso wie die Männer, und lernen ihre eigene heilige Sexualität kennen. Im alten Asien übten Frauen und Männer das auch jeweils für sich ein. Bevor sie sich einen Partner suchten, verbrachten die Frauen viel Zeit damit, selbst ihre Brüste zu massieren, mit Jade-Eiern und anderen Hilfsmitteln zu üben, um ihren Körper energetisch vorzubereiten und zu aktivieren.

Shashi Solluna beklagt: »Heute machen sich Jugendliche und junge Erwachsene auf den Weg und suchen sich irgendjemanden. Doch allzu oft handelt es sich dabei um jemanden, der auf energetischer Ebene überhaupt nicht weiß, was er tut. Alle wurschteln irgendwie herum, und in der Regel gibt es dabei kaum eine Aktivierung der Energie. Was die Intimität angeht, so herrscht komplettes Chaos. Es ist sehr schade, dass es die Orte des Lernens nicht mehr gibt, die Tempel, in denen junge Erwachsene lernen konnten, ihre Energien richtig zu lenken und einzusetzen. In diesem Alter haben sie ja so viel Energie, aber niemand weiß recht, wie man sie in Bahnen lenkt. Dabei würden sie es gern lernen, würden sich nur zu gern mit anderen auf unterschiedlichen Ebenen verbinden. Sie könnten ihre Persönlichkeiten und ihre Energien zusammen ausbilden, könnten tanzen und spielen, zusammen atmen und eine nicht sexuelle Form der Intimität erleben. Sich umarmen, sich berühren, sich liebkosen und auf ihren Körper hören, der ihnen sagt: ›Ja, so geht es.‹«

Das Yoni-Ei erlaubt es gerade jungen Frauen, ihren Körper kennenzulernen und sich Zeit zu nehmen, um ihn zu liebkosen und zu massieren. Das könnte eine Gelegenheit für sie sein, den Schleier über den äußeren und inneren Geheimnissen ihrer Yoni zu lüften und ihre Sexualität voller Respekt für ihren Körper zu entdecken.

Das Ei ist großzügig, davon profitieren auch Männer und Paare!

Für Männer

Wussten Sie, dass wir Frauen nicht die Einzigen sind, die von der Praxis mit dem Yoni-Ei profitieren? Auch Männer können auf verschiedenen Ebenen die Verwandlung unserer Yoni spüren.

Zunächst gibt es einen unmittelbaren Nutzen für unsere Männer. Wenn wir einen gut trainierten Beckenboden haben und unsere Vagina zusammenziehen können, fühlt sich das bei der Liebe gut an. Tatsächlich lieben es die meisten Männer, mit einer Frau Liebe zu machen, die eine straffe Yoni hat, gerade in den zärtlichsten Momenten. Es macht einfach mehr Spaß. Bei einer erschlafften Vagina spüren sie weniger. »Die beste Art, einen Mann zu halten, ist eine straffe Vagina«, erklärt Mantak Chia.

Dazu hat mir Shashi Solluna, Spezialistin für Tao-Massage (chi nei tsang) nach Mantak Chia, in einem Interview anvertraut: »Wenn man mit dem Jade-Ei übt, beginnt der Körper nach einer gewissen Zeit, sich zusammenzuziehen, als würde man Liebe machen. Für die Frau fühlt es sich an, als trainierte sie die Wände ihrer Vagina, um genau das zu tun. Und auf den Mann wirkt das anziehend. Die gesamte Körperpartie zieht sich nach innen, sehr intensiv, sehr erstaunlich und sehr stark. Männer spüren das ganz deutlich. Und auch für die Frau fühlt es sich gut an, denn sie spürt ja alle Muskeln in ihrer Vagina und nicht nur einen Teil. Es ist ein großartiges, sehr angenehmes Gefühl.«

Aisha Sieburth entwickelt diesen Gedanken weiter: »Wenn wir mit unserem Liebsten Liebe machen, kommt ein Moment, in dem wir verschmelzen wollen. Wir erwecken alle Vibrationen des Orgasmus, um ihn nicht nur in unseren Geschlechtsorganen zu spüren, sondern im gesamten Rückenmark. Das führt zu einer sexuellen Begegnung, die uns nicht nur zum Orgasmus führt, sondern ins Nirvana. Aber dafür braucht man Übung.«

Für Paare

Durch die Übungen mit dem Ei lernen wir, unsere Vagina besser zusammenzuziehen und zu kontrollieren. Das verschafft uns mehr Genuss. Intensivere Orgasmen erlauben es uns, eine wunderbar intime Zweisamkeit zu entwickeln, die voller neuer Freuden ist. Wenn wir zusammen üben, fördert das diesen Prozess noch zusätzlich.

Für viele Frauen, die allein üben, bietet ihre Praxis mit dem Ei die Gelegenheit, ihren Partner darauf anzusprechen und sich mehr zu öffnen. Viele sprechen auch gar nicht mit ihrem Partner über ihre Praxis mit dem Yoni-Ei.

Wenn Sie diese kostbaren Momente für sich behalten wollen, bewahren Sie Ihr Geheimnis. Aber wenn Ihr Herz Lust hat, darüber zu sprechen, dann tun Sie es! Sie könnten angenehm überrascht werden, welche Reaktionen das Ei hervorruft. Kostbare Momente zu zweit könnten sich ergeben, wenn das Yoni-Ei in die Rituale eines Paares miteinbezogen wird. Ich spreche im letzten Kapitel dieses Buchs darüber. Egal, ob Sie mit einem Mann oder einer Frau zusammen sind: Ihre Liebsten könnten die Veränderung zu schätzen wissen.

> Mein Partner hat gut reagiert. Er hat mir Mut gemacht, meine Weiblichkeit zu entdecken. Er scheint sogar zu spüren, wenn ich es trage – wahrscheinlich an meiner Stimmung.
>
> *Émeline*

> Ich spüre, wie schön es ist, mit einem Partner zu leben, der seinerseits in einer bewussten Sexualität erwacht ist.
>
> *Béa*

Haben Sie Vertrauen, sprechen Sie ungeniert Ihren Partner an. Sie könnten von seinem Zuhören und seinen Reaktionen positiv überrascht werden. Viele Frauen haben mir davon erzählt.

Es dauert vielleicht einige Zeit, bis sich Männer für die Praxis des Yoni-Eis interessieren. Bei Nath und Sophie war das Ei der Anfang einer Weiterentwicklung ihrer Partnerschaft, weil es ihnen half, ihre Weiblichkeit zu entdecken.

> Ich habe mit meinem Mann nicht darüber gesprochen. Er ist ein großer Skeptiker. Aber ich habe gespürt, dass er mehr Spaß hatte. Wir lieben uns seit fünfundzwanzig Jahren. Fragen hat er mir freilich nicht gestellt.
>
> *Nath*

> Mein Partner – seit dreißig Jahren, er ist auch der Vater meiner beiden Töchter – hat sich schließlich von meiner Begeisterung anstecken lassen. Er freut sich ehrlich für mich (und für sich selbst), obwohl er nicht so genau weiß, was ich da eigentlich mache.
>
> *Sophie*

Das richtige Yoni-Ei auswählen

Angepasst an alle Lebensphasen der Frau

Das Yoni-Ei ist für alle Lebensphasen und Lebensweisen einer Frau geeignet. Es hilft den sexuell Aktiven ebenso wie denjenigen, die die Lust verloren haben. Es hilft jungen Frauen, ihren Körper zu entdecken, verhilft Alleinstehenden zu mehr Selbstbewusstsein, unterstützt junge Mütter bei der Rückbildung und schenkt Frauen in oder nach den Wechseljahren einen geradezu magnetischen Charme. Der Nutzen ist immer ein anderer, ebenso unterscheiden sich auch die Praktiken – sowie die Größe und der Stein des Eis.

Auf der Höhe der sexuellen Aktivität

Das ist die Phase in unserem Leben, in der wir auch das meiste Selbstvertrauen besitzen. Wir kennen uns gut, können unsere Sehnsüchte formulieren und lenken, treffen gute Entscheidungen, was unsere Partner angeht, und wissen, was unsere Yoni will und was nicht. Dies ist eine ideale Zeit für die Praxis mit dem Yoni-Ei, denn auch in dieser Lebensphase gibt es viel zu entdecken. Wir können unsere schöpferische Kraft freisetzen, unsere Kraft und unsere sexuelle Energie stärken und der Weisheit unserer Yoni folgen. Diese Energie können wir nutzen, um unser Leben auf eine aktive und positive Weise selbst zu formen.

Ihre Freude wird umso größer, je mehr Sie Ihren Körper und Ihren Orgasmus beherrschen. Sie steigen zu ungeahnten Höhen auf. Jetzt ist die Zeit gekommen, um die heilige Weiblichkeit in Ihnen zum Ausdruck zu bringen. Sie können sich vollkommen auf Ihre Intuition verlassen, wenn Sie die Größe des Eis auswählen. Sie sollte einfach zu Ihren Wünschen passen und Sie auf künftige Etappen Ihrer Entdeckungsreise vorbereiten.

Für die Abenteuerlustigen und sexuell besonders Aktiven unter Ihnen sei gesagt, dass das Ei Sie immer wieder ins Gleichgewicht bringen und Ihren Partner begeistern wird, wenn es mit Ihrer Energie aufgeladen ist. Es ist ja ganz Ihnen überlassen, wie Sie das Ei benutzen. Es kann dazu führen, dass Sie Ihre Yoni besser beherrschen, es kann das Vorspiel verschönern oder manche hier nicht genannten Sehnsüchte stillen.

Für Carine beispielsweise dient das Yoni-Ei dazu, ihre sexuelle Energie in die richtigen Bahnen zu lenken.

> “Ich benutze das Ei nicht oft, um meine Yoni zu straffen, aber wenn Libido ein wichtiges Thema ist, dann wird es zu einer guten Hilfe.
>
> *Carine* ”

Dorothée hat ihre Praxis ihren wechselnden Bedürfnissen angepasst:

> “Mein erstes Ziel bestand darin, meinen Beckenboden zu stärken, aber inzwischen benutze ich das Ei als Sex Toy.
>
> *Dorothée* ”

Mit der Zeit werden einige auch Spaß daran finden, mit ihrer Yoni »Flöte zu spielen«. Warum nicht! Aber nicht die Melodie, an die Sie jetzt vielleicht denken. Ich meine eher, dass Sie experimentieren können, mit oder ohne Partner, mit wilden Orgasmen, bei denen Sie die Muskeln Ihrer Yoni einsetzen, ohne sich ansonsten zu bewegen, einfach mit einem leichten Pulsieren.

Diese Technik für Fortgeschrittene mag am Anfang kompliziert erscheinen. Sie wurde von Mantak Chia entwickelt und funktioniert so, dass Sie sich fünf Minuten lang auf das Ei an verschiedenen Stellen in Ihrer Vagina konzentrieren: zunächst mit den Muskeln am Eingang der Yoni, dann in der Mitte, wo das Ei von selbst hingleitet, und schließlich ganz oben, kurz vor dem Gebärmutterhals. Selbstverständlich verlangt das Erlernen dieser Technik viel Geduld, aber sie ist sehr wirksam. Man beginnt mit einem großen Ei und schreitet mit kleineren Größen fort. Ich komme im dritten und vierten Kapitel noch auf die verschiedenen Praktiken und Rituale zurück.

Wenn man allein lebt

Wenn Sie allein leben, sehnen Sie sich vielleicht nach Liebe und Begegnung. Es ist nicht immer einfach, allein zu sein, zumal dieser Zustand gesellschaftlich nicht wirklich akzeptiert ist. Wenn Sie sich nach Liebe sehnen, leben Sie diesen Zustand voll aus, bereiten Sie sich selbst Vergnügen, verlieben Sie sich wieder in sich selbst, tun Sie sich Gutes. Genießen Sie es, sich selbst wiederzufinden und sich mit sich selbst zu verbinden. Dann sind Sie auch bereit, sich für neue Begegnungen zu öffnen. Sie werden sich erfüllt und voller Anziehungskraft fühlen. Das Ei hilft Ihnen, nicht nur abzuwarten. Sie werden ganz in Ihrer Weiblichkeit sein, offen, ohne dem Erstbesten in die Arme zu fallen. Ich habe selbst erlebt, dass ich nicht mehr dieselben Männer anzog wie vorher. Und ich bin mit großen Schritten auf die Liebe meines Lebens zugegangen. Indem ich mein Yoni-Ei am Tag und bei Verabredungen trug, hatte ich das Gefühl, meine Energie kehrt zu mir zurück und verschwindet nicht – so, als ob ich sie mit der ganzen Welt teilen müsste. Indem ich mich wieder auf mich selbst konzentrierte, habe ich Selbstvertrauen, Autonomie und Sinnlichkeit gewonnen.

Und ich bin nicht allein mit diesen Erlebnissen während einer heiklen Zeit in meinem Leben:

> “Ich habe meinen Körper bewusster wahrgenommen und mich weiblicher gefühlt. So fiel es mir auch leichter, einen Partner zu finden. Vorher war es schwierig für mich, Beziehungen einzugehen; irgendwas kam immer dazwischen. Mit dem Ei fühle ich mich einfach wohler in meiner Haut.”
>
> *Catherine*

> “Ich lebe allein. Nach zwei Monaten mit dem Ei nutze ich es nicht mehr so wie am Anfang. Ich bin in der Lage, auf meinen Körper zu hören, und ich spüre eine unglaubliche Energie. Es ist mehr als ein sexuelles Gefühl, und ich kenne meinen Körper, da ich gerne masturbiere.”
>
> *Marie*

> Als Alleinstehende fühle ich mich jetzt *lebendiger* und mehr in Verbindung mit meiner heiligen Weiblichkeit. Dieser Teil meines Körpers fühlt sich nun straffer an und ich nehme ihn bewusster wahr. Ich habe wegen einer Krebserkrankung eine Totaloperation hinter mir, sodass meine Vagina zur Sackgasse geworden ist.
>
> *Céline*

Wenn sexuelle Erfüllung fehlt

Das Ei ist für viele Frauen ein Mittel, um sich wieder mit ihrem Körper zu verbinden und blockierte Erinnerungen sowie Energien freizusetzen, die ihre Leidenschaft und ihr Verlangen beflügeln. Es erlaubt ihnen auch, durch Rituale, wie sie in Kapitel 4 dieses Buchs erklärt werden, die Schönheit und Lust ihres Körpers wiederzuentdecken. Die Erfüllung kommt mit etwas Übung zurück, ebenso wie allerlei neue Ideen und Gesten, die, wenn sie das wollen, zu einer sexuellen Wiedergeburt führen können.

Jutta Kellenberger erklärt: »Wenn eine Frau lange Zeit keine sexuellen Beziehungen mehr gehabt hat, ist das Innere ihrer Vagina vermutlich sehr angespannt. In diesem Teil ihres Körpers fließt dann nicht mehr genug Energie. Die Haut wird sehr empfindlich, sodass am Anfang der Übungen mit dem Ei Irritationen oder sogar leichte Schmerzen auftreten können. Sie brauchen also ein wenig Mut. Aber die Sehnsucht macht ihnen diesen Mut. Sie müssen nur einige Schwellen überschreiten, um die Türen wieder zu öffnen.«

> Zweifellos hat sich meine Sexualität durch das Yoni-Ei verbessert. Meine Vagina fühlt sich straffer an und ich erlebe wieder häufiger Verlangen.
>
> *Sophie*

Wenn Sie Ihren Wünschen und Ihrer Sexualität wieder mehr Farbe geben wollen, wählen Sie die Größe des Eis ganz nach Ihrem Wohlbefinden aus. Machen Sie sich mit verschiedenen Größen vertraut, probieren Sie ein wenig herum, Sie sollen sich mit dem Ei gut fühlen.

> „Ich habe mir zunächst ein ziemlich großes Ei gekauft, weil ich lange keine sexuelle Beziehung mehr gehabt hatte. Das habe ich bereut – es war zu groß, und ich habe es kein einziges Mal benutzt. Ich hätte mehr auf meine Intuition hören sollen, die mir riet, lieber eine kleinere Größe zu wählen."
>
> *Anne-Claire*

Wenn das Leben aktiv, aber auch stressig ist

Stress ist die Geißel unserer Zeit. Ständig stehen wir unter Druck, hin- und hergerissen zwischen Alltag und Arbeit, immer im Laufschritt unterwegs. Wenn dann noch Probleme auftauchen, ist die Katastrophe komplett.

Wenn Sie berufstätig sind, Kinder haben, zu wenig Schlaf bekommen, ein Haus und einen Mann zu versorgen haben, kann das ziemlich stressig sein – das wissen wir alle. Aber Sie können mehr inneren Frieden finden, wenn Sie sich Zeit für sich nehmen, mit dem Yoni-Ei trainieren, in der Natur spazieren gehen, meditieren oder Atemübungen oder sonstige Übungen machen. Jede Frau kann ihr Gleichgewicht wiederfinden, und wenn sie dazu das eine oder andere Ritual nutzt, wie ich es in diesem Buch erkläre, dann wird sie auch in stressigen Zeiten ihr Lebensgefühl bewahren.

> „Mit dem Ei habe ich mehr Selbstvertrauen als Frau: unabhängig, aber auch künstlerisch begabt, sinnlich und sexuell aktiv. Und verletzlich. Meine Libido hat sich ebenfalls verbessert."
>
> *Amélie*

Die Praxis mit dem Yoni-Ei wird für viele zu einem Moment der Zärtlichkeit, die uns in unserem Alltag so oft fehlt. Das gilt auch für Lucie.

> „Das sanfte Jade-Ei passt mit seiner Form, seiner Farbe und Oberfläche genau zu den Veränderungen, die ich in mir anstrebe. Ich wünsche mir mehr Zärtlichkeit und Freundlichkeit mir selbst gegenüber."
>
> *Lucie*

Bei einem Treffen mit Jutta Kellenberger hat sie auf einen wichtigen Punkt hingewiesen, der sich auf die Störungen unserer Zeit bezieht: »Die Übungen mit dem Ei gehören zu den wichtigsten Übungen für Frauen, weil sie es möglich machen, die Aufmerksamkeit auf die Eierstöcke zu richten. Das ist besonders wichtig, wenn Frauen unfruchtbar sind oder Schwierigkeiten haben, ein Kind zu empfangen. In der Terminologie der TCM könnte man sagen, der Bereich der Mutterschaft ist ›zu kalt‹. Es kommt also darauf an, Energie in diesen Bereich zu lenken und die Gebärmutter ›anzuwärmen‹. Die Übungen mit dem Ei fördern eine Energielenkung ins Becken. Das Problem unserer westlichen Gesellschaften liegt darin begründet, dass wir keine Sklaven mehr sind – was ja nur gut ist. Wir sind gebildet, wir studieren, lernen viele Dinge, und alle Energie geht nach oben, in den Kopf. Da bleibt für das Becken nicht genug übrig. Deshalb haben so viele Frauen im Westen Probleme mit der Empfängnis, und die Männer haben immer weniger lebensfähige Spermien. Weil wir zu sehr in unserem Kopf leben! Das macht uns ganz verrückt. Wir sind nicht mehr hier (sie zeigt auf ihre Yoni), nicht mehr in unserem Körper. Aber um ein Kind zu empfangen, müssen wir da sein, die Energie muss da sein, im unteren Teil unseres Körpers.«

Für Sportlerinnen

Viele sportliche Frauen haben mir gesagt, dass sie ein kleines Yoni-Ei benutzen. Ein solches ist vor allem für erfahrene Nutzerinnen gedacht, um Verspannungen in der Vagina zu lösen. Dazu kommt es auf den Tonus an und darauf, dass die Frauen ihren Körper und ihre Yoni gut kennen.

Besonders Mutige können das Ei auch beim Sport tragen. Aber Achtung, bei bestimmten Bewegungen könnten sie es verlieren!

> “Ich betreibe Bogenschießen, und wenn ich den Pfeil abschieße, verliere ich das Ei. Beim Sport sollten Frauen ganz besonders aufpassen. Ich will es gern beim Reiten probieren, aber bisher habe ich mich noch nicht getraut.
>
> *Léa* ”

Das Ei passt sich ebenso an dynamische wie an sanfte sportliche Aktivitäten an. Man muss dabei nur einige einfache Vorsichtsmaßnahmen beachten.

> Ich nutze es häufig beim Pilates.
>
> *Cathy*

> Ich trage mein Ei immer beim Meditieren.
>
> *Eva*

Lara Castro, Sexologin und Psychotherapeutin, rät Athletinnen, die früh mit Leistungssport begonnen haben: »Sie sollten ihren Beckenboden stets gut trainieren. Viele große Sportlerinnen bekommen früh Probleme mit Inkontinenz. Das lässt sich nicht mit einer Slipeinlage lösen. Deswegen müssen sie unbedingt schnell anfangen, ihren Beckenboden zu trainieren. Das Yoni-Ei ist perfekt dazu geeignet, diesen Bereich des Körpers regelmäßig zu stärken.«

In Zeiten des Übergangs und der Lebensbilanz

Wenn Veränderungen der Lebensumstände anstehen, verliert man leicht das Selbstvertrauen und fängt an, die eigenen Entscheidungen anzuzweifeln. Der Ausgang ist noch ungewiss, man weiß nicht, wohin es geht, man verliert den Blick auf die eigenen Fähigkeiten. Alles ist im Umbau, und manchmal fühlt man sich einsam und verlassen. Der Weg zurück nach innen, in den Körper, kann eine erste Etappe sein, um wieder in Kontakt mit der eigenen inneren Weisheit zu kommen und die notwendigen Impulse zu finden, um Ängste und Zweifel zu überwinden und Entscheidungen wieder freudig anzugehen.

> Wenn ich das Ei einführe, spüre ich jeden Tag einen besseren Kontakt mit meiner Vagina, die ich wirklich lieben gelernt habe. Ich habe mein Leben verändert, und das Ei hat mir dabei geholfen. Ich habe den Beruf gewechselt, unterrichte jetzt Yoga, und das Ei passt sich perfekt an diese Dynamik an.
>
> *Aurore*

Das Ei mit den dazugehörigen Ritualen bietet eine gute Möglichkeit, um zu sich selbst zurückzukehren, eine Lebensbilanz zu ziehen, sich selbst zu beobachten und bereits begangene Wege neu einzuschätzen. Auch, um sich als Frau wieder zu zentrieren, sich Zeit zu nehmen und seinem Körper einen Moment des Genusses zu schenken. Wie Roxanne, die auf diesem Weg in eine neue Lebensphase eingetreten ist.

> Aktuell ziehe ich Bilanz meiner bisher fünfzig Jahre. Ich mache mir bewusst, dass ich mein Leben nicht so geführt habe, wie ich es wollte. Jetzt habe ich Lust, mein Leben in die eigenen Hände zu nehmen. Ich muss mich selbst besser kennenlernen, und das Ei gestattet es mir, mich ganz auf mich und meine heilige Weiblichkeit zu konzentrieren.
>
> *Roxanne*

In der Zeit der Jungfräulichkeit, des Erwachsenwerdens und des Lebens als junge Frau

Viele Mütter fragen mich, ab welchem Alter junge Mädchen mit der Praxis des Yoni-Eis beginnen können. Ganz klar hängt die erste Annäherung mit der körperlichen Entwicklung zusammen, mit der Reife und den ersten Fragen zum Thema Weiblichkeit und Sexualität.

Bevor wir also die erste Frage beantworten, sollten wir kurz einen Blick auf die Anatomie in Bezug auf die Jungfräulichkeit werfen. Das Jungfernhäutchen oder Hymen ist eine mehr oder weniger weiche, dünne, aber sehr widerstandsfähige Membran mit einer Öffnung, um das Menstruationsblut durchzulassen. Sie liegt am Eingang der Vagina, etwa einen Zentimeter hinter den kleinen Schamlippen. Ein junges Mädchen kann also einen kleinen Tampon oder einen Finger einführen, ohne dass diese Membran Schaden nimmt.

Das Hymen wird oft mit dem Verlust der Jungfräulichkeit in Verbindung gebracht. Doch dieses kann auch schon während der Kindheit reißen, beispielsweise beim Sport oder durch einen Unfall, oder es kann ganz verschwinden, ohne dass das junge Mädchen etwas davon merkt. Manche Frauen werden auch ohne Hymen geboren, und bei anderen reißt das Hymen nicht beim ersten Geschlechtsverkehr. Auch hier sieht man, dass jede Frau eine andere Yoni hat. Gerade deshalb ist es so wichtig, schon in jungen Jahren möglichst viel darüber zu lernen und diesen Teil des Körpers in Ehren zu halten.

Der Verlust der Jungfräulichkeit hat nicht nur etwas mit dem Hymen zu tun. Wenn eine Frau zum ersten Mal mit einem Partner Liebe macht, ist das eine Initiation in das Leben als Frau. Alles hängt von dem Maß an Respekt und Liebe ab, die die junge Frau erfährt. Entsprechend wird ihre Yoni einladend oder abweisend reagieren.

Was die Praxis mit dem Yoni-Ei angeht, so kann ein junges Mädchen, das seine erste Regelblutung gehabt hat und Tampons tragen kann, auch das Ei benutzen. Wichtig dabei ist jedoch die Auswahl der richtigen Größe und des richtigen Steins.

Wenn die junge Frau bereit ist, Kontakt mit diesem intimen Bereich aufzunehmen und ihn zu erforschen, dann kann das Ei zu ihrem besten Freund werden. Ein kleines Ei aus Rosenquarz ist ideal für den Anfang, weil dieses Mineral eine sanfte, beruhigende Energie ausstrahlt, Gewissheit schenkt, Sicherheit und Selbstvertrauen. Es hilft, eine gute Selbstliebe zu entwickeln.

Saida Désilets, Expertin für die Praxis des Yoni-Eis in den USA, empfiehlt, sich viel Zeit zu nehmen und schrittweise vorzugehen: »Versuchen Sie zunächst, die Übungen nur in der Fantasie durchzuführen – mit einem imaginären Yoni-Ei. Dann benutzen Sie Ihren Finger, und erst danach führen Sie das Ei ein. Die regelmäßige Anwendung des Eis wird Ihrer Vagina helfen zu verstehen, wann sie sich entspannen kann, wann sie sich öffnen soll, wann sie sich zusammenziehen oder bewegen soll. Tatsächlich ist diese neue Ebene sexueller Fähigkeiten sehr wichtig, wenn Sie sich auf ein schönes ›erstes Mal‹ vorbereiten.«

Die Osteopathin Corinne Léger erklärt dazu: »Die Praxis des Yoni-Eis erlaubt es jungen Frauen, sich mit sich selbst vertraut zu machen, sodass sie sich in ihrer Sexualität selbstbewusster fühlen. Am Anfang geht es vor allem darum, den Körper gut zu behandeln – mit einem tiefen Respekt, mit Neugier. Sie sollen eine Erfahrung machen, aber ohne ein konkretes Ziel. Indem sie langsam vorgehen und allmählich eine Beziehung zu ihrem Körper entwickeln, werden positive Nervenverbindungen geknüpft, die Genuss und gute sinnliche und sexuelle Erfahrungen in den kommenden Jahren möglich machen. Ich sage es noch einmal: Gehen Sie langsam vor! Es gibt keinen Grund zur Eile.« Sie betont: »Bei jungen Frauen, deren Hymen noch intakt ist und die ihre Jungfräulichkeit bis zum ersten Geschlechtsverkehr bewahren wollen, ist die Praxis des Yoni-Eis nicht geeignet.«

Aber in diesen Fällen ist immerhin eine äußerliche Anwendung des Eis möglich. »Es ist also besser, bei den ersten Kontakten das Ei nur äußerlich mit dem Beckenboden und der Vulva in Verbindung zu bringen, ohne es einzuführen. Um sich an die Anwendung des Eis zu gewöhnen, ist es ein guter Anfang, diesen Teil des Körpers erst einmal zu erforschen und sich bewusst zu machen.«

Empfängnisverhütung im Einklang mit dem Körper

Ich habe bereits gesagt, dass die Praxis des Yoni-Eis hilft, schmerzhafte Regelblutungen zu verhindern und Geburten zu erleichtern. Auch in anderen Bereichen weiblicher Gesundheit kann sie nützlich sein: zum Beispiel bei der Wahl des richtigen Mittels zur Empfängnisverhütung.

Eine bewusstere Wahrnehmung unseres Körpers führt zu einer bewussteren Wahl der Empfängnisverhütung. Durch die Praxis des Yoni-Eis kommen Frauen zu einer größeren Autonomie und finden immer mehr zu ihrer eigenen Weisheit. Es ist natürlich wichtig, Expertenrat einzuholen, aber Frauen wissen mit dieser Praxis viel intuitiver, welche Empfängnisverhütung für sie und ihre Yoni gut ist.

Ob wir die Pille nehmen oder genommen haben, ob wir Zäpfchen, ein Implantat, die Dreimonatsspritze oder eine Sterilisation des Mannes oder der Frau bevorzugen, Präservative, eine Zervixkappe, Pflaster, Coitus interruptus, periodische Abstinenz oder ein Pessar – in allen Fällen der Empfängnisverhütung kann das Ei verwendet werden. Die Osteopathin Corinne Léger bestätigt dies: »Wenn eine Frau empfängnisverhütende Methoden anwendet, gibt es keine Gegenanzeigen für die Benutzung des Eis. Vielleicht macht es ihr Lust, genauer auf ihren Körper zu hören und sich für eine andere Methode zu entscheiden, die natürlicher ist und ihren Organismus mehr respektiert.«

Bei einigen Methoden der Empfängnisverhütung sollten Vorsichtsmaßnahmen getroffen werden, wenn man das Ei benutzt. Bei der Spirale ist es nicht gut, ein horizontal durchbohrtes Ei zu tragen. Die meisten sind aber ohnehin vertikal durchbohrt, wie wir noch sehen werden.

Ein Pessar sollte entfernt werden, bevor das Ei eingeführt wird, erklärt Lara Castro: »Das Pessar kann drei Stunden außerhalb der Vagina verbleiben und trotzdem seine empfängnisverhütende Wirkung behalten. Nach dem Üben mit dem Yoni-Ei wird es mit kaltem Wasser abgespült und wieder eingesetzt.«

Bei der Vorbereitung auf die Geburt

Bei der Praxis mit dem Yoni-Ei beschränkt sich die Geburtsvorbereitung nicht darauf, den Beckenboden und die Vagina straffer und dehnbarer zu machen, selbst wenn das ein wichtiger Faktor ist. Das regelmäßige Training mit dem Ei kann auch dazu beitragen, die Geburt zu einem Genusserlebnis zu machen.

Das Bild, das wir uns von der Geburt eines Kindes machen, ist noch immer viel zu sehr von Leiden, Schmerzen und Schreien geprägt. Isabelle Challut, Autorin des Buchs *La Maternité au féminin*, erklärt dazu: »Die Geburten meiner Kinder waren wichtige Wendepunkte in meinem Leben. Ich hatte erlebt, wie gebärende Frauen unter der Macht der Ärzte litten, und das hatte mich abgestoßen. Dieses wunderbare Erlebnis, die Geburt eines Menschen, wird so zu einer schmerzhaften und potenziell gefährlichen Erfahrung. Die Frauen werden auf ihre Gebärmutter reduziert und behandelt, als müsste man sie kontrollieren. Diejenigen, die nach ihren eigenen Vorstellungen gebären wollen, die auf ihren Körper hören, auf ihre Bedürfnisse, die sich bewegen und schreien wollen, die eine Rückenmarkspritze verweigern, werden oft an den Rand gedrängt und entsprechend behandelt. Ich habe bei einigen Geburten geholfen und Frauen gesehen, die vollkommen von ihrem Körper abgeschnitten waren. Der einzige Ausweg aus ihrem Leiden schien die Rückenmarkspritze zu sein – bloß nichts mehr spüren! Unsere Gesellschaft respektiert schon bei Kindern nicht, dass sie die Bedürfnisse ihres Körpers kennen. Als Erwachsene müssen wir uns das mühsam zurückerobern.«

Isabelle hat als Krankenschwester mehr als fünfundzwanzig Jahre in Frankreich, der Schweiz und Kanada gearbeitet. Sie spezialisierte sich während der letzten zehn Jahre auf Geburtshilfe und will Frauen Mut machen, auf ihren Körper zu hören und ihre eigene innere Weisheit wiederzufinden. »Wenn Sie Bauchschmerzen haben, können Sie dann präzise sagen, welches Organ betroffen ist? Woher der Schmerz kommt? Vielleicht haben Sie diesen innigen Kontakt verloren, der Ihnen sagt, was in Ihrem Inneren vor sich geht. Verschiedene Ansätze der Körperarbeit machen es möglich, diesen Kontakt wiederzufinden und so autonomer zu werden. Es ist wichtig, dass Sie sich selbst kennen, dass Sie wieder lernen, auf sich zu hören und das zu respektieren, was in Ihrem Inneren vor sich geht.«

Auch in dieser Hinsicht befürwortet Corinne Léger die Anwendung des Eis. »Eine natürliche Geburt ist möglich, wenn von Beginn an die Gebärmutter richtig arbeitet, angeregt durch die Hormone. Sie treibt das Kind aus dem Körper, mit dem Kopf voran. Wenn eine Frau einige Monate oder gar Jahre vor der Empfängnis mit dem Ei trainiert, wird ihre Vagina flexibel, geschmeidig und straff. Diese Frauen erleben die natürliche Geburt wie einen Orgasmus.«

Für Mütter

Das Kind ist da, ein neues Leben beginnt. Soll die Frau ihrem Körper und ihrer Yoni helfen, nach den Anstrengungen der Geburt wieder zur Harmonie zu finden? Selbstverständlich! Wie wir schon gesehen haben, passt die Praxis mit dem Yoni-Ei perfekt in den Prozess der Rückbildung. Mehr noch: Es hilft einer Mutter auf psychologischem und energetischem Wege, die neue Frau zu werden, die sie werden will.

Hier einige wertvolle Ratschläge von Corinne Léger: »Die Praxis des Eis hilft, Frauen nach der Geburt zu revitalisieren. Ich rate ihnen immer, mit einem großen Ei zu beginnen und erst dann zu einem mittelgroßen Ei zu wechseln, wenn sich der Beckenboden schon ein Stück weit zurückgebildet hat. Warten Sie sechs Wochen, bevor Sie nach der Geburt mit den Übungen beginnen. Das Gewebe sollte erst richtig verheilen, vor allem nach einem Dammschnitt oder einer Operation. Ihr Gynäkologe wird Ihnen grünes Licht geben, wenn Ihre Gebärmutter so weit ist. Dann kann das Yoni-Ei zu einem ungeheuer wichtigen Werkzeug für die Rückbildung des Beckenbodens werden, zusammen mit der klassischen Rückbildungsgymnastik. Jede Frau wird ihren eigenen Rhythmus und die nötige Zeit finden, um sich mit ihrem Körper zu verbinden.

Die Aussagen von Marion und Elisabeth zeigen die verschiedenen Facetten des Nutzens, den das Ei nach einer Geburt bringen kann.

> »Nach der Geburt meiner Tochter bekam ich eine schwere Depression. Ich fühlte mich verloren und empfand auch nichts mehr beim Geschlechtsverkehr. Mit dem Ei habe ich nach drei Monaten wieder etwas gespürt. Das war sehr motivierend. Aber noch wichtiger war, dass sich auch mein Bild von mir selbst verändert hat. Ich habe mein Selbstvertrauen zurückgewonnen und glaube, das Ei ist dafür noch effizienter als die Rückbildungsgymnastik.«
>
> *Marion*

> »Als ich die ersten Ergebnisse bemerkte, hat mir meine Physiotherapeutin geraten, weniger Termine bei ihr zu machen, aber mit dem Ei weiter zu üben, um die Fortschritte zu festigen. Heute trage ich das Ei mindestens dreimal in der Woche. Ich spiele damit und bewege es hin und her.«
>
> *Elisabeth*

Vor und in den Wechseljahren

Die Zeit kurz vor den Wechseljahren und die eigentlichen Wechseljahre bringen häufig Scheidentrockenheit und mangelnde Libido mit sich. Der Eingang der Yoni wird oft sehr empfindlich und trocken. Aber das muss nicht so bleiben. Mit dem Ei wird Ihre Yoni nicht wieder so wie mit zwanzig, aber Sie dürfen einige Verbesserungen erwarten, vor allem was das Wohlbefinden beim Geschlechtsverkehr und die Spannkraft der Yoni angeht.

Für Corinne Léger ist ganz klar: »Gerade Frauen in der Menopause sollten die Übungen mit dem Ei (wieder) aufnehmen. Das wird ihnen helfen, ein besseres Bewusstsein für einen Bereich ihres Körpers zu entwickeln, der oft vernachlässigt wird. In dieser Lebensphase führt die Praxis des Eis dazu, dass Frauen sich mit ihrem Intimbereich stärker verbinden, mehr auf ihren Körper hören und sensibler werden für ihre heilige Weiblichkeit. Die Übungen stimulieren die Energie des ersten

Chakra. In dieser Zeit haben viele Frauen Probleme mit Scheidentrockenheit und/oder einer Schwächung des Beckenbodens. Durch regelmäßiges tägliches Üben wird der Beckenboden stimuliert und gestrafft, der durch Geburten oder ganz einfach durch die Zeit erschlafft ist. Dabei ist dieser Bereich so wichtig für unsere gesamte Gesundheit. Bei manchen Frauen führt das auch dazu, dass ihre Libido wieder erwacht.«

Bei Frauen, die regelmäßig mit dem Yoni-Ei üben, treten die üblichen Schwierigkeiten seltener auf. Außerdem wird ihnen das Ei helfen, falsche Ideen und Vorstellungen über diese Zeit loszulassen. Aisha Sieburth spricht ohne zu zögern die Klischees an, die es zu bekämpfen gilt: »Frauen in den Wechseljahren glauben ihren Ärzten, wenn diese sagen: ›Sie haben keine Eizellen mehr, das war's.‹ Ich mag das Bild von einer Seeanemone, die mit ihren Tentakeln kleine Pumpbewegungen macht und ihre Lebenskraft fließen lässt. Eine mögliche Neuverbindung mit ihrem Körper durch das Yoni-Ei erlaubt es Frauen in den Wechseljahren, ihre Libido wieder zum Leben zu erwecken.« Weiter erklärt sie: »Die Menopause wird von den Taoisten auch als zweiter Frühling bezeichnet. Sie ist eine heilige Zeit, in der die Energien, die durch die Regelblutungen erschöpft waren, im Gewebe der Frau wieder angereichert werden, und zwar durch das spirituelle Feuer in ihrem offenen Herzen. Um diesen Übergang gut zu durchleben, sollten alle weiblichen ›Blüten‹ gefördert werden: durch eine Stimulation der Hormondrüsen mit dem Jade-Ei und mit einer Massage der Brüste. Symptome wie Hitzewallungen, Schwindel, Trockenheit, Mangel an Libido und Schlafstörungen können durch einen Mangel an Energie und durch ein Austrocknen des Körpers verursacht sein.«

Béatrice, sechsundfünfzig Jahre alt und in den Wechseljahren, das Yoni-Ei hilft ihr, genau die Frau zu sein, die sie in dieser Lebensphase gern sein möchte:

> Nach langen Jahren ohne sexuelle Aktivität und am Anfang einer neuen Paarbeziehung wurde ich mit dem Yoni-Ei bekannt gemacht. Und es ist mir gelungen, die Tore meiner heiligen Weiblichkeit wieder zu öffnen … Ich hatte befürchtet, dass ich diesen Mann, auf den ich so sehr gewartet hatte, körperlich nicht willkommen heißen könnte. Und es hat auch drei Tage gedauert, bevor ich das kleine Ei einführen konnte – danach noch einmal fünf Tage, bis es mit dem mittleren Ei ging.
>
> *Béatrice*

In heiklen Situationen

Das Yoni-Ei hilft auch da, wo etwas repariert oder geheilt werden muss. Still und diskret nimmt es seinen Platz ein und fängt an zu arbeiten. Natürlich nicht allein, die Yoni und das Ei sind ein Team. Man könnte sagen, dass das Ei seinen Beitrag leistet, um Verletzungen zu heilen oder die Widerstandsfähigkeit gegen Verletzungen zu stärken, von denen wir Frauen so viele erleben. Ob es sich um gravierende gynäkologische Probleme handelt, um eine schwere Geburt oder ein sexuelles Trauma, unsere Yoni und unsere Grundenergie finden in dem Ei einen wichtigen Verbündeten, um sich zu erholen und auf bessere Zeiten zuzugehen.

Nach einer Fehlgeburt

> „Das Ei ist für mich ein heiliger Gegenstand. Vor einundzwanzig Jahren war ich schwanger – es waren wunderbare Monate voller Liebe. Doch leider wollte dieses Kind nicht auf unserer Erde leben. Ich habe danach noch zwei wunderbare Kinder bekommen. Dann habe ich ein Fibrom entwickelt, so groß, dass die Ärzte mir die Gebärmutter entfernen mussten. Das ist jetzt vier Jahre her. Das Yoni-Ei behebt die große Leere in mir.
>
> *Isabelle* "

Dieses Zeugnis ist inspirierend und voller Wahrheit. Es spricht für sich. Eine Fehl- oder Frühgeburt ist ein schmerzhaftes Ereignis, körperlich und seelisch. Der Geist, aber auch die Yoni tragen die Spuren dieses Traumas. Eine Frau hat voller Glück und Liebe ein Kind erwartet, und es wurde ihr durch einen Unfall entrissen. Sie braucht Zeit und viel Freundlichkeit, um sich davon zu erholen. Das Yoni-Ei kann ihr helfen, diese Phase besser zu überstehen und die schmerzhaften Erinnerungen loszulassen.

Hören Sie auf Ihre Intuition und Ihr Gefühl, wenn Sie den Stein für sich aussuchen. Vielleicht ist ein Ei für den äußeren Gebrauch am Anfang besser geeignet. Sie sollten wirklich immer auf Ihren Körper und Ihre Yoni hören.

Nach einer Operation

Auch im Fall einer Entfernung der Gebärmutter kann man Yoni-Eier benutzen (sofern es keine medizinischen Gegenanzeigen gibt). Die Praxis kann sogar besonders wertvoll sein, weil die Yoni mit der körperlichen und energetischen Leere nur schlecht zurechtkommt und diese am liebsten selbst ausfüllen will. Aisha Sieburth schreibt dazu: »Eine bewusste und freundliche Praxis mit dem Yoni-Ei kann eine vergewissernde Präsenz mit sich bringen, auf körperlicher und energetischer Ebene. Sie unterstützt die inneren Gewebe und die benachbarten Organe, vor allem den Darm. So stabilisieren sie sich, füllen die Leere aus, die die fehlende Gebärmutter hinterlässt, und übernehmen einige der ursprünglichen Funktionen der Gebärmutter. Das bringt neue Energie, die ihrerseits Lebenskraft schenkt und die Heilung fördert.«

Nach einem Trauma

Traumata können auf verschiedenen Ebenen und in verschiedenen Lebenssituationen entstehen. Jutta erklärt: »Wenn uns in unserer Kindheit jemand respektlos angefasst hat, ist unsere natürliche Reaktion ein Sichverschließen. Das kann auch passieren, wenn das Trauma nicht besonders stark war.«

Wenn ein kleines Mädchen in sehr jungen Jahren beispielsweise beim Baden ein unerklärliches Verlangen gespürt hat, verschließt es möglicherweise die Erinnerungen in seinem Körper und bringt den Energiefluss zum Stocken, sodass sein inneres Potenzial gehemmt wird. Jutta fügt hinzu: »So wird das Chi blockiert, auch auf körperlicher Ebene. Die Muskeln ziehen sich zusammen. Jeder kennt Geschichten, die erklären, warum das so ist.«

Nachdem sie im Jahr 1994 ein traumatisierendes sexuelles Erlebnis hatte, hilft Saida Désilets heute Frauen, die wie sie mit den Schattenseiten des Lebens konfrontiert wurden. »Es gibt nur wenige Frauen, die keine sexuellen Traumata erlebt haben. Und es reicht nicht, darüber zu sprechen. Die Erinnerung in den Zellen muss aufgelöst werden. Einige suchen sich sofort professionelle Hilfe, aber bei den meisten Frauen erlaubt es erst das Jade-Ei, diese Dinge zu bearbeiten. Der Grund dafür liegt in der Tatsache, dass das Ei eine große Kraft hat und die Frau dazu einlädt, sich wieder mit ihrem eigenen Körper zu verbinden und sich sicher zu fühlen. Dann erst können die Zellen neu programmiert werden. Nachdem ich meinen eigenen Körper von sexuellen Traumata geheilt habe und nachdem ich Tausenden anderer Frauen dabei geholfen habe, weiß ich, dass es möglich ist, den Schrecken und Schmerz der Vergangenheit loszuwerden und sich mit dem eigenen Körper zu verbinden. Wenn unser Körper wieder uns gehört, wird auch das Vergnügen wieder zu etwas Normalem.«

Die Erfahrung eines sexuellen Missbrauchs ist schwierig und schmerzhaft. Leider kommt das sehr häufig vor.

> “Ich habe mir das Ei gekauft, weil ich während meiner Kindheit von meinem Vater sexuell missbraucht wurde. Daraus ist eine hormonelle Störung entstanden, die mich über eine lange Zeit zu Beginn meiner Erwachsenenjahre unfruchtbar gemacht hat. Es hat sechs Monate gedauert, bis ich es gewagt habe, das Ei in meine Yoni einzuführen. Ich hatte Angst, und es mangelte mir wohl an Reife und innerer Einsicht auf diesem intimen Gebiet. Als ich es dann doch wagte, fühlte ich mich sofort erfüllt. Ich hatte wirklich das Gefühl, endlich meine Wurzeln wiederzufinden, und ich empfand eine große innere Kraft. Endlich hatte ich meinen Platz unter den Frauen auf dieser Erde gefunden. Das hat mir auch geholfen, viele Erinnerungen loszulassen, die in meiner Vagina, meiner Gebärmutter und meinen Eierstöcken gespeichert waren. Nach einer Phase der Inneren Arbeit habe ich mich zum ersten Mal wirklich frei in meiner Weiblichkeit gefühlt. Ich konnte meinen Bauch und meine Yoni spüren, die Vergangenheit und alle Verletzungen loslassen. Ich kann nur allen Frauen, die sexuelle Traumata erlebt haben, empfehlen, mit dem Ei zu arbeiten, um ihre Sexualität und ihre persönliche Integrität wiederzufinden. Man muss dazu innerlich bereit sein, aber ich bin sicher, dass das Ei in unserem Leben auftaucht, wenn wir bereit sind. Diese Kraft der Befreiung weiblicher Energie nach so langer Zeit ist wirklich etwas Besonderes, und sie ist gerade in unserer heutigen Zeit wichtig, die von uns verlangt, dass wir unseren wahren Platz als Schöpferinnen auf dieser Erde einnehmen. Keine Frau sollte zögern, sich therapeutische Hilfe zu holen, um die alten Erinnerungen loszuwerden, die immer wieder hochsteigen.”
>
> *Anne-Laure*

> Mein Ei hat die Bilder von erniedrigenden und gewalttätigen sexuellen Begegnungen, die ohne jede Zärtlichkeit waren und die ich in mir trug, besänftigt. Diese Bilder waren seit Beginn meiner sexuellen Aktivität immer präsent, und ich bin sie erst vor Kurzem losgeworden. Das verdanke ich dem Yoni-Ei.
>
> *Bénédicte*

> Ich bin zweiundsechzig Jahre alt. Deshalb habe ich ein großes Ei aus Rosenquarz gewählt. Ich habe vierunddreißig Jahre Gewalt in meiner Ehe erlebt und eine Totaloperation (Hysterektomie) im Alter von zweiundvierzig Jahren hinter mir. Ich wünsche mir, mithilfe des Eis meine heilige Weiblichkeit wiederzufinden.
>
> *Marianne*

> Ich habe bis vor Kurzem (ich werde demnächst vierzig) kaum beglückende sexuelle Begegnungen erlebt. Stattdessen habe ich Vergewaltigungen und Gewalt erfahren und dadurch einen inneren Widerstand gegen jeglichen Genuss entwickelt. Heute ist das die große Baustelle in meinem Leben: Mich für den Genuss zu öffnen und ihn mit meinem neuen Partner auch zu erleben. Das fällt mir immer noch schwer, und das Ei gehört für mich zu dem Weg, auf dem ich mich selbst wiederentdecke.
>
> *Valérie*

Sich verzeihen, sich die Erlaubnis geben, Sexualität anders auszudrücken, Selbstvertrauen finden und sich selbst wiederentdecken – all das braucht viel Zeit, in der wir unserer Yoni Aufmerksamkeit und Liebe schenken. Sie wird uns führen und immer deutlicher zu uns sprechen.

Eine regelmäßige Praxis mit dem Ei, Ihr Engagement, Ihre weibliche Energie, die nur brachgelegen hat – diese Kräfte werden Sie auf Wege der Heilung führen. Verschiedene Spezialisten, mit denen ich gesprochen habe, weisen darauf hin. Die Therapeutin Éliane, die selbst das Ei anwendet, sagt dazu: »Wenn ich mit Frauen arbeite, die Traumata erlebt haben, von denen ihre Sexualität und Weiblichkeit betroffen waren, spreche ich mit ihnen über das Ei als Mittel, um eine echte innere Befreiung zu erleben.«

Die richtige Größe wählen

Klein, mittel oder groß?

Reden wir über die Größe des Eis – denn ja, auf die Größe kommt es an! Yoni-Eier gibt es in drei Größen, die sich auf die Länge und den Durchmesser beziehen.

- Klein (etwa 4 cm lang und 2,5 cm im Durchmesser)
- Mittel (etwa 4,5 cm lang und 3 cm im Durchmesser)
- Groß (etwa 5 cm lang und 3,5 cm im Durchmesser)

Klein Mittel Groß

Ihre Yoni ist so einzigartig wie Sie selbst. Erinnern Sie sich daran, dass Sie sehr elastisch ist, wie man bei jeder Geburt feststellen kann. Die Vagina kann sich zusammenziehen und entspannen. Selbst das größte Yoni-Ei ist nicht so groß wie ein Straußenei, keine Sorge. Es hat gerade mal einen Durchmesser von 3,5 cm.

Das große Ei kann etwas furchteinflößend wirken, aber gerade dieses Ei wird von vielen Frauen gleich zu Anfang angewendet. Denn wenn das Ei zu klein ist, könnte man es verlieren. Entscheiden Sie sich also für die richtige, an Ihren Körper angepasste Größe.

Auswahlkriterien

- Spannkraft
- Übung
- Sexuelle Aktivität
- Alter
- Sportliche Aktivität
- Erlebte Traumata
- Chirurgische Eingriffe
- Jungfräulichkeit

Für die meisten Frauen ist das mittlere Ei genau richtig.

Eine junge, aktive Single-Frau ohne Kinder wird vermutlich ein Ei in mittlerer Größe wählen. Eine Frau, die zwei natürliche Geburten hinter sich hat, wird wahrscheinlich eine weniger straffe Yoni haben und ein großes Ei wählen. Das Gleiche gilt für Frauen in den Wechseljahren oder solche, die etwas gegen Inkontinenz unternehmen wollen. Denken Sie daran, dass es Ihnen bei einem schwachen Beckenboden möglicherweise nicht gelingen wird, das Ei in der Vagina zu halten. Dann muss die Praxis angepasst werden – am Anfang stehen dann beispielsweise Übungen zum Zusammenziehen und Loslassen im Liegen.

Viele Frauen, die das Ei nach einer Geburt benutzen, warten die Rückbildung ab, bevor sie damit anfangen. Sie können mit den Übungen ihre Fortschritte festigen, aber durchaus auch auf anderen Ebenen Nutzen davon haben, wie ich schon erwähnt habe.

Aisha Sieburth empfiehlt Anfängerinnen grundsätzlich das große Ei. »Am Anfang ist es wichtig zu spüren: ›Ah ja, da ist es, ich spüre es, ich spüre eine Präsenz, mit der ich wirklich arbeiten kann.‹ Allmählich, im Laufe der Übungszeit, können dann immer kleinere Eier verwendet werden, ohne dass die Frauen sie verlieren, sogar mit einem zusätzlichen Gewicht am Rückholfaden. Aber am Anfang ist es wirklich besser, mit etwas Größerem zu üben.«

Ich möchte aber hinzufügen, dass viele Frauen am Anfang gar nichts spüren. Unsere Sensibilität muss sich erst entwickeln. Die goldene Regel lautet: Wenn Ihr Yoni-Ei drinbleibt, ist die Größe richtig. Deshalb ist es so wichtig, den Tonus zu testen, sich auf die eigene Intuition zu verlassen und die Hinweise in diesem Buch gründlich zu lesen.

Wenn das kleine Ei nicht in Ihrer Yoni bleibt, fehlt es Ihnen noch an Spannkraft. Machen Sie noch einmal den Tonus-Test aus dem ersten Kapitel! Außerdem ist dieses Ei leichter, sodass man viel subtiler damit üben muss, um Verspannungen loszulassen.

Ein kleines Ei ist gut für alle Frauen, dic schon länger üben und einen guten Tonus in ihrer Yoni haben, aber auch für Sportlerinnen und Frauen, die eine sehr angespannte oder enge Vagina haben, sodass sie beispielsweise keinen Tampon einführen können. Oft hat das mit sexuellen Traumata zu tun. Schlussendlich ist das kleine Ei auch gut für junge Mädchen, die sich mit ihrer eigenen Sexualität und ihrem Körper vertraut machen wollen.

Mit den verschiedenen Größen weiterarbeiten

Abgesehen von diesen praktischen Hinweisen empfehle ich Ihnen, sich einfach von Ihrer weiblichen Intuition leiten zu lassen, von Ihren Wünschen und der Anziehungskraft eines bestimmten Eis. Tatsächlich ist die Größe nicht das einzige Kriterium bei der Auswahl. Es scheint ein Mysterium unserer Weiblichkeit zu sein, dass unser Körper weiß, welches Ei für ihn bestimmt ist. Hören Sie also auf Ihre innere Stimme oder fragen Sie Ihre Yoni. Die erste Antwort ist oft die richtige.

Viele Frauen, die ihr Ei auf meiner Website (www.lesoeufsdelilou.com bzw. www.lalibrairiedelilou.com) gekauft haben, nehmen gleich alle drei Größen, um für Fortschritte in ihrer Praxis gerüstet zu sein. Generell ist es so, dass mit fortschreitender Praxis auch die Auswahl des richtigen Eis leichter fällt. Die Massage-Spezialistin Solla erklärt es ganz einfach: »Es kommt auf die Anatomie der Frau an, die strukturelle Anatomie, die Zahl der Kinder und so weiter. Es gibt drei Größen: klein, mittel und groß. In der Praxis nutze ich alle drei, und sie sind alle wunderbar.«

Der richtige Stein

Die Lehre von den Heilsteinen

Wissenschaftliche Studien erklären die Entstehung von Mineralien, ihre chemischen und physikalischen Eigenschaften, ihre Zusammensetzung – aber sie geben keine ganzheitliche Sicht auf den Stein und seine energetischen Eigenschaften.

Gérard Cazals, Autor des Buchs *La Quintessence des pierres*, erklärt dazu: »Die innere Energie eines Steins, unsere eigenen energetischen Bedürfnisse und unsere Reaktionen auf die Energie des Steins sind untrennbar miteinander verbunden, wenn man wissen will, warum ein Stein eine bestimmte Wirkung auf uns hat.«

In den alten Kulturen spielten Steine eine wichtige Rolle. Heute finden sie wieder ihren Platz in unserem Alltag, weil sich eine Lehre von den Heilsteinen entwickelt hat. Diese besagt, dass man Steine und Kristalle verwenden kann, um allmählich wieder ein körperliches, emotionales, spirituelles oder mentales Gleichgewicht herzustellen. Der subtile Einfluss der Mineralien wird im Rahmen eines ganzheitlichen Ansatzes genutzt. Dieser Einfluss kann sich auf alle Ebenen des Daseins auswirken. Für Steinliebhaber sind Steine Lebensbegleiter. Und wie in allen Beziehungen braucht es Zeit und Interesse, bis sich so etwas wie eine Komplizenschaft entwickelt.

Die Gemmologin Elizabeth Beaumont, die an meiner Internetseite mitgewirkt hat, erklärt dazu: »Je mehr ich über die naturwissenschaftliche Seite der Mineralien erfahre, desto mehr fasziniert mich die Intelligenz und Ordnung der Natur. Unter günstigen geologischen Bedingungen enthalten die Kristalle chemische Elemente, die auch im Menschen vorkommen. Und so gehen die Steine in Resonanz mit dem menschlichen Körper. Außerdem sind die Atome geometrisch angeordnet, in ganz genau bemessenen Winkeln und Abständen, sodass ein starkes Gleichgewicht entsteht, stärker als im Menschen. Das kann uns Mut machen, sie zu nutzen, um unser eigenes Gleichgewicht wiederherzustellen.«

Selbstverständlich sollte der Umgang mit Heilsteinen den Rat eines Arztes und eine möglicherweise notwendige medizinische Behandlung nicht ersetzen. Und selbstverständlich ist dieses Buch keine Einführung in die Lithotherapie – wie diese Therapierichtung auch genannt wird. Das ist ein weites und leidenschaftlich diskutiertes Gebiet. Wer sich mit der Kraft der Steine vertraut macht, dem wird die Schönheit unserer Erde bewusst, die Schönheit des Lebens und der Wege, auf denen wir gehen. Jeder Mensch geht seinen eigenen Weg der Heilung durch Heilsteine. Es gibt hier wie auch sonst keine einfachen Lösungen. Und der Umgang mit Heilsteinen steht immer im Zusammenhang mit anderen Aktivitäten, Praktiken, Therapieformen und medizinischen Behandlungen.

“ Die Praxis mit Steinen verlangt von uns, dass wir unsere Empfindsamkeit entwickeln. Ich habe schon lange Steine bei mir, in den Taschen, in meinem Pult in der Schule und jetzt am Schreibtisch auf der Arbeit und in meiner Wohnung … Sie wirken langsam, ganz anders als ein Medikament, das ein Problem in drei Tagen aus der Welt schaffen kann. Man muss sich sehr viel Zeit lassen, vor allem, um wahrzunehmen, was sich in uns tut und wo sich Ergebnisse zeigen.

Manche Frauen glauben, dass ihre Sorgen sofort verschwinden, wenn sie ein Yoni-Ei in ihre Vagina einführen. Doch diese Anwendung braucht genauso viel Zeit wie andere Methoden mit Heilsteinen.

Marie ”

Der beste Rat, den ich Ihnen geben kann, was die Auswahl des Steins angeht, lautet: Hören Sie auf Ihren Körper, auf Ihre Empfindungen und Ihre Intuition. Die folgenden Informationen beziehen sich auf Steine, aus denen Yoni-Eier hergestellt werden. Sie sollen Ihnen eine erste Auswahl ermöglichen. Vielleicht »spricht« der eine oder andere Stein zu Ihnen.

Wie man den richtigen Stein findet

Wenn man sich auf das Abenteuer einlässt, in die Welt der Steine vorzudringen, findet man sich vielleicht nicht gleich zurecht. Ich habe hier einige Hinweise von Elizabeth Beaumont zusammengestellt. Sie ist Mitglied der Gemmological Association of Great Britain und Absolventin der École de Gemmologie de Montréal und kann Ihnen erste Wege eröffnen.

Nach Gefühl

»Man hört oft die Aussage, dass nicht wir uns den Stein aussuchen, sondern dass der Stein uns aussucht. Es ist eine gegenseitige Anziehung, die Schwingung stimmt dann einfach. Wenn Sie einen Stein in die Hand nehmen, spüren Sie die Energie in Ihren Fingerspitzen – ein Prickeln, ein Vibrieren im Herzen, eine Sensibilität – vielleicht kommen Ihnen sogar die Tränen … Viele Empfindungen können uns sagen, dass dieser Stein einen Weg mit uns gehen will. Diese Art der Auswahl ist mir am liebsten, gerade weil es eine Entscheidung des Herzens und nicht des Verstandes ist.«

Nach Farbe

»Vor allem für Anfängerinnen ist es möglich, einen Stein aufgrund der Farbe des korrespondierenden Chakras auszuwählen. Schwarze, braune und rote Steine sind beispielsweise mit dem Wurzelchakra verbunden, grüne und roséfarbene Steine mit dem Herzchakra. Es gibt eine Resonanz der Wellen im elektromagnetischen Farbspektrum, die sich auf das sichtbare Licht bezieht. Violett schwingt mit 400 bis 450 nm. Wenn der Stein diese Farbe hat, steht er also im Einklang mit dem Kronenchakra, was sehr wünschenswert ist, wenn es darum geht, dieses Chakra auszugleichen. Auf einer fortgeschrittenen Ebene können wir noch viel komplexere Verbindungen herstellen, über die sichtbaren Farben hinaus. Das führt zu noch feineren Ergebnissen.«

Nach Eigenschaften

»Viele Bücher oder Internetseiten beschreiben die physikalischen, mentalen, spirituellen und andere Eigenschaften von Steinen. Oft hört man auch widersprüchliche Aussagen. Wie soll man sich da zurechtfinden? Ich persönlich bevorzuge Autoren, deren Glaubwürdigkeit ich sicher vertrauen kann. Beispielsweise Katrina Raphaell, eine Pionierin auf diesem Gebiet in den USA, oder Michael Gienger, ein Mineraloge, der empirische Studien mit seinen Studierenden durchgeführt hat, um gemeinsame Eigenschaften von Steinen zu finden. Auf der anderen Seite des Spektrums stehen Autoren, die einfach das zusammenkopieren, was sie im Internet finden.«

Nach chemischer Zusammensetzung

»Auf fortgeschrittener Ebene kann man seinen Stein natürlich auch nach der chemischen Zusammensetzung auswählen. Lithium wird beispielsweise eingesetzt, um Menschen zu helfen, die unter starken Stimmungsschwankungen bis hin zu bipolaren Störungen leiden. Der Lepidolith enthält Lithium, und dieser Stein hat tatsächlich eine beruhigende Wirkung. Er verhindert emotionale Achterbahnfahrten und hilft, den inneren Frieden wiederzufinden.«

Yoni-Eier und ihre Wirkung

In diesem Kapitel geht es um die optischen, physikalischen und lithotherapeutischen Eigenschaften von Yoni-Eiern. Es soll Ihnen helfen, eine gute Wahl zu treffen. Die Liste erhebt keinen Anspruch auf Vollständigkeit, aber diese Eier habe ich getestet, sowohl innerlich als auch äußerlich. Und wer weiß, welchen Nutzen Sie von diesen Informationen über Steine noch haben können.

Steine für den innerlichen Gebrauch

Jade, der traditionelle Stein

Farbe: von blassgrün bis zu einem intensiven Smaragdgrün, gelb, farblos, weiß, schwarz, lila, malvenfarben, rot, braun, blau
Familie/Gruppe: Pyroxene
Kristallform: monoklin
Transparenz: durchscheinend bis opak
Strahlen: fettig bis glasig
Härte: 7
Dichte: 3,30 bis 3,36
Wirkung: Dieser berühmte Stein ist vor allem in China ein Symbol der Harmonie und des Friedens, der Ehrlichkeit und Heiterkeit, der Bewusstseinserweiterung, der Meditation und des Gleichgewichts.

Das Jade-Ei wird traditionell als Yoni-Ei angewendet. Echte Jade ist schwer zu finden und deshalb teuer.

Nephrit, der Stein der Harmonie

Farbe: oft dunkelgrün, aber auch weiß, braun, orange, graublau oder schwarz
Familie/Gruppe: Amphibole
Kristallform: monoklin
Transparenz: durchscheinend bis opak
Strahlen: fettig bis glasig
Härte: 6,5
Dichte: 2,8 bis 3,1
Wirkung: Gleicht männliche und weibliche Energien aus, verhilft zur Erkenntnis, zum Erwachen und zum Finden des inneren Wissens.

Das Ei aus Nephrit beruhigt und fördert den inneren Frieden.

Serpentin, auch »neue Jade« genannt – der Stein des Schutzes

Farbe: gelblich oder bläulich grün
Familie/Gruppe: Antigorite
Kristallform: monoklin
Transparenz: durchscheinend
Strahlen: wachsartig
Härte: 5
Dichte: 2,6
Wirkung: Die »neue Jade« schützt körperlich vor Störungen, die durch negative Emotionen ausgelöst werden. Sie schenkt den Mut, Probleme anzugehen und zu lösen, hilft bei der Entspannung und Traumdeutung und beruhigt.

Das Ei aus neuer Jade wird empfohlen, um Stress und Stimmungsschwankungen zu bewältigen und einen Ausgleich der weiblichen und männlichen Schwingungen zu finden. Es fördert den inneren Frieden und die Entwicklung der Weiblichkeit. Es handelt sich um einen schützenden, beruhigenden Stein, der hilft, Ängste zu überwinden und sich davon zu befreien.

Rosenquarz, der Stein der Zärtlichkeit und Heiterkeit

Farbe: hell- oder dunkelrosa, oft mit weißen Äderchen durchzogen
Familie/Gruppe: Kristallquarz
Kristallform: rhomboedrisch
Transparenz: durchscheinend bis opak
Strahlen: glasig
Härte: 7
Dichte: ca. 2,65
Wirkung: Trägt zur inneren Ruhe bei, besänftigt Zweifel, führt zur Heiterkeit und Selbstliebe. Dieser Stein fördert das Selbstvertrauen und die Zärtlichkeit; er heilt Verletzungen, die sich im Herzen angesammelt haben.

Das Ei aus Rosenquarz hilft ganz wunderbar, das Herz zu öffnen, die Sanftheit, Ruhe und Zärtlichkeit zu wecken. Denn der Rosenquarz ist der Stein der Liebe. Das Rosenquarz-Ei fördert die innere Ruhe und Heiterkeit, die Selbstliebe und Selbstwertschätzung und das Gefühl der Weiblichkeit. Es schenkt Hoffnung und Ruhe.

Achtung: Dies ist ein zerbrechlicher Stein, der empfindlich auf Stöße und zu viel Licht reagiert. Sie sollten das Ei sanft behandeln – so sanft wie sich selbst. Rosenquarz wird mit Wasser gereinigt.

Amethyst, der Stein der Weisheit, Mäßigung und Verwandlung

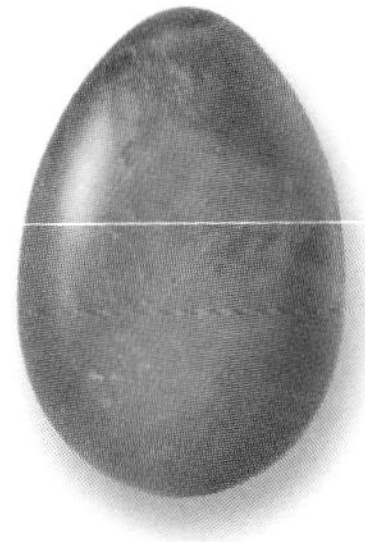

Farbe: lila bis dunkelviolett
Familie/Gruppe: Kristallquarz
Kristallform: rhomboedrisch
Transparenz: transparent
Strahlen: glasig
Härte: 7
Dichte: ca. 2,65
Wirkung: Fördert die Konzentration und geistige Ruhe, Klarheit und Heiterkeit. Erleichtert gute Entscheidungen über das Ego hinaus, befreit die Gedanken und hilft, Energien umzuwandeln und die Realität zu akzeptieren. Fördert Träume, die Intuition und die geistige Entspannung, sodass auch subtile Botschaften gehört werden.

Das Ei aus Amethyst bringt Weisheit und Spiritualität. Es ist ideal bei der Meditation, fördert den tiefen Schlaf und das Erwachen der heiligen Weiblichkeit.

Achtung: Nicht in die Sonne legen – dieser Stein bevorzugt den Schatten und das Mondlicht. Er ist außerdem stoßempfindlich. Im Kontakt mit anderen Steinen wirkt er reinigend.

Aventurin, der Stein des Trostes und der Heiterkeit

Farbe: salbeigrün oder dunkel waldgrün
Familie/Gruppe: Polykristalliner Quarz/Quarzit
Kristallform: rhomboedrisch
Transparenz: durchsichtig bis durchscheinend
Strahlen: glasig
Härte: 6
Dichte: ca. 2,6
Wirkung: Fördert die innere Ruhe, Geduld und Toleranz in Situationen, die normalerweise Stress verursachen. Erlaubt es, Situationen »abzuhaken« und sich wieder auf sich selbst zu konzentrieren, ohne sich zu verschließen. Fördert gute Entscheidungen aus einer Haltung der Liebe heraus, nicht der Angst. Dieser Stein bringt Unabhängigkeit und Regeneration.

Ein Ei aus Aventurin ist ideal für gefühlsbetonte und besonders empfindsame Frauen. Es beruhigt Ängste und führt zurück zur Leichtigkeit des Herzens. Dies ist ein sehr sanftes Ei, das uns hilft, das emotionale Gleichgewicht wiederzufinden und einen klaren Blick auf Gefühle zu richten, die uns am Fortschreiten hindern.

Achtung: Dieser Stein ist nicht sehr stoßempfindlich. Bei den amerikanischen Ureinwohnern wird er bei bestimmten Ritualen benutzt, um sich mit dem Herzen zu verbinden. Man reinigt ihn mit Wasser und Salz und lädt ihn im Sonnenlicht mit Energie auf.

Karneol, der Stein der Freude und Vitalität

Farbe: orange bis rot (durch den Gehalt an Eisenoxid), manchmal weiß gebändert
Familie/Gruppe: Polykristalliner Quarz, Chalzedon
Kristallform: rhomboedrisch
Transparenz: durchscheinend bis opak
Strahlen: glasig
Härte: 6 bis 7
Dichte: ca. 2,6
Wirkung: Ein Stein der Freude, der Vitalität und Energie spendet. Er fördert die Entfaltung, den Mut, die Kreativität und die Entspannung, und er unterstützt Frauen, die sich Kinder oder eine innere Transformation wünschen. Er besänftigt heftige Gefühlsregungen und hilft dem verwirrten, aufgebrachten Geist, sich wieder zu zentrieren. Außerdem ist Cornalin hilfreich bei Sterilität und fehlendem sexuellem Verlangen.

Das Ei aus Karneol fördert die Lösung von Konflikten und die Fähigkeit, im Hier und Jetzt zu leben. Es hilft, das sexuelle Gleichgewicht zu finden und die Schönheit des Lebens bewusst wahrzunehmen. Wenn Frauen ein solches Ei vor ihrer Regelblutung tragen, sorgt es dafür, dass diese sanfter abläuft.

Achtung: Dies ist einer der besten Steine für Frauen, vor allem für junge Frauen, und für Paare. Ein Karneol-Ei kann auch während der Schwangerschaft oder bei schmerzhaften Regelblutungen für fünfzehn bis zwanzig Minuten getragen werden, weil es beruhigt und das Energieniveau hebt. Dieses Ei steht in enger Verbindung mit dem zweiten Chakra (auf Höhe des Nabels). Es wird mit Salzwasser gereinigt und im Sonnenlicht aufgeladen.

Tigerauge, der Stein der inneren Kraft und körperlichen Verankerung

Farbe: gelblich oder goldbraun, erinnert an die Iris oder das Fell des Tigers, mit Lichtern durchzogen
Familie/Gruppe: Polykristalliner Quarz/pseudomorph
Kristallform: rhomboedrisch
Transparenz: sehr leicht durchscheinend, meistens jedoch opak
Strahlen: glasig
Härte: 6
Dichte: 2,6 bis 2,65
Wirkung: Macht den Blick frei für die inneren Ressourcen und befreit uns von Blockaden. Hilft dabei, die eigenen Intentionen zu klären und den Mut zu finden, sie auch zu leben. Wirkt beruhigend und gibt Gewissheit. Schützt und beruhigt Probleme mit dem Magen oder der Verdauung.

Das Ei aus Tigerauge hilft, Zweifel zu vertreiben und schenkt Motivation, um die eigenen Projekte zu verwirklichen und Schwierigkeiten zu überwinden. Es verleiht Dynamik und Lust auf Kontakt mit der Umgebung.

Achtung: Diesen Stein sollten Sie bei sich tragen, wenn Sie eine Prüfung oder ein wichtiges Treffen vor sich haben. Er ist nicht sehr stoßempfindlich. Man reinigt ihn mit Wasser und Salz und lädt ihn im Sonnen- oder Mondlicht mit Energie auf.

Rauchquarz, der Stein der Verwurzelung und Stabilität

Farbe: verschiedene Brauntöne von hell bis gesättigt, manchmal bis hin zum Schwarz
Familie/Gruppe: kristalliner Quarz
Kristallform: rhomboedrisch
Transparenz: durchscheinend bis opak
Strahlen: glasig
Härte: 7
Dichte: ca. 2,65
Wirkung: Ein Stein der Verantwortlichkeit und Zentrierung. Er beruhigt Ängste und mentale oder emotionale Gereiztheit. Erleichtert gute Entscheidungen, fördert das Unterscheidungsvermögen und das Gleichgewicht zwischen Licht und Materie. Ein guter Begleiter, wenn ein neues Lebenskapitel aufgeschlagen wird, weil er Stabilität und Gleichgewicht bringt. Er macht fähig, Grenzen zu setzen und eine gute Wahl zu treffen. Löst negative Energien auf.

Das Ei aus Rauchquarz hilft, sich mit dem eigenen Körper zu verbinden und Wurzeln zu schlagen. Es fördert Gewissensentscheidungen und den Ausgleich zwischen materiellen und spirituellen Aspekten.

Achtung: Rauchquarz beruhigt Frauen, die immer mit (zu) hohem Tempo unterwegs sind.

Steine von guter Qualität

Manche Halbedelsteine können schädlich sein, weil sie toxische chemische Elemente enthalten. Aber das hängt auch von ihrer Verwendung ab.

Um toxisch zu wirken, müssten Steine wie beispielsweise das Tigerauge im Rohzustand belassen werden. Rohe Steine sind porös und es splittern winzige Stückchen ab. Es gibt also keinen Anlass, Yoni-Eier aus Tigerauge abzulehnen – außer, man würde sie zu Pulver vermahlen und/oder einnehmen.

Die Eier, die auf meinen Internetseiten (www.lesoeufsdelilou.com bzw. www.lalibrairiedelilou.com) angeboten werden, sind aus poliertem Stein, der von Gemmologen ausgewählt wird. Die Politur ist extrem fein, weil sie mit Sandstrahl behandelt werden. Sie sind absolut stabil und bröseln nicht. Es bedarf wesentlich höherer Temperaturen, als sie im menschlichen Körper herrschen, starken Drucks oder einer lang andauernden Strahlenexposition (UV-Strahlen, Gammastrahlen, Röntgenstrahlen), um ihre Struktur zu verändern.

Steine für den äußerlichen Gebrauch

Manche Steine sind aufgrund ihrer energetischen Eigenschaften ganz hervorragend, aber gesundheitlich nicht sicher, sodass davon abgeraten wird, sie in der Vagina zu tragen. Doch Sie sollten sich den Nutzen auch dieser Steine zu eigen machen, indem Sie auf einer symbolischen Ebene mit ihnen arbeiten, beispielsweise bei einer Meditation oder indem Sie sie auflegen.

Das gilt beispielsweise für den Lapislazuli, dessen kleine Pyritkristalle sich lösen und in der Vagina hängen bleiben könnten. Auf jeden Fall sollten Sie generell darauf achten, ein gut poliertes Ei ohne poröse Stellen zu benutzen, sodass keine Chemikalien in Ihren Organismus übergehen können. Dann können Sie das Yoni-Ei bedenkenlos tragen.

Lapislazuli, der Stein der Kommunikation

Farbe: nachtblau, oft mit weißen Kalzitpartikeln und Pyritsternchen durchsetzt, die ihm einen gold-metallischen Glanz verleihen
Familie/Gruppe: Komposit aus Lasurit, Kalzit, Sodalith und Pyrit
Transparenz: opak
Strahlen: glasig bis harzig
Härte: 5,5
Dichte: 2,7 bis 2,9
Wirkung: Hilft bei der Reinigung und bei der Kommunikation. Fördert die Fähigkeit, sich frei, klar und authentisch auszudrücken. Stützt das Selbstbewusstsein, das klare Denken, die Intuition, das freie Sprechen in der Öffentlichkeit und die Kreativität. Dieser Stein steigert unser Bewusstsein. Er wirkt reinigend sowohl auf mentaler als auch spiritueller Ebene. Und er kann die Aura karmischer Belastungen reinigen.

Das Ei aus Lapislazuli verhilft zu einem freien Ausdruck in der Öffentlichkeit. Dieser Stein der Götter, wie ihn die alten Ägypter nannten, ist eigentlich ein Stein der Kommunikation. Legen Sie einen länglich geformten Lapislazuli auf den Kehlkopf oder das dritte Auge. Sie können das Ei auch in die Hand nehmen oder in der Hosen- oder Rocktasche bei sich tragen, wenn Sie öffentlich auftreten müssen.

Achtung: Wenn dieser Stein in der Nacht angewendet wird, fördert er das Träumen. Allerdings könnte seine Wirkung für das Schlafzimmer zu stark sein. Der Stein ist empfindlich gegen Kratzer, Stöße, Sonnenlicht und Säuren. Man reinigt ihn mit destilliertem Wasser ohne Salz und lädt ihn im Mondlicht mit Energie auf.

Labradorit, der Stein des Schutzes

Farbe: unten grau mit schillerndem Blau, Grün, Gelb oder Orange, seltener Rosa oder Violett
Familie/Gruppe: Feldspat, Plagioklas
Kristallform: triklin
Transparenz: durchscheinend bis opak
Härte: 6
Dichte: 2,65 bis 2,75
Wirkung: Schützt vor negativen Einflüssen, besänftigt Stimmungsschwankungen und fördert die Intuition. Wird oft während eines Heilungsprozesses angewendet sowie auch von Menschen, die viele Begegnungen haben. Er setzt verborgene Talente ins Licht und fördert die spontane Ausdrucksfähigkeit unseres Inneren Kindes. Sehr gut geeignet, um Illusionen aufzulösen.

Das Ei aus Labradorit wird äußerlich angewendet, indem man es in der Hand hält, wenn man traurig ist oder wenig Energie hat. Es hilft auch, wenn man mit negativen, schädlichen oder ausweichenden Menschen zu tun hat. Und es fördert die Fähigkeit, den eigenen Weg zu finden.

Achtung: Wird äußerlich angewendet auf der Kehle oder in der Hand. Dieser Stein ist gerade auch während der Wechseljahre gut geeignet. Er ist stoß- und kratzempfindlich. Man entlädt ihn in einem Gefäß mit Wasser während der Nacht und lädt ihn im Sonnenlicht wieder auf.

Obsidian, der Stein des Schattens und des Gleichgewichts

Farbe: stumpf oder schillernd schwarz, manchmal weiß gesprenkelt (Schneeflocken-Obsidian)
Kristallform: amorph
Strahlen: glasig
Härte: 5 bis 5,5
Dichte: ca. 2,4
Wirkung: Das »Vulkanglas« löst emotionale und geistige Blockaden und hilft, sich von schlechten Gewohnheiten zu befreien. Der Obsidian ist auch ein Stein des Schutzes und des Gleichgewichts.

Das Ei aus Obsidian leuchtet Schattenzonen aus und ist deshalb bestens geeignet, alten Groll, Ängste und angesammelten Zorn loszuwerden. Es ist sehr stark und verlangt von uns, uns den Dingen zu stellen und aus dem Schatten zu treten, um der Wahrheit ins Auge zu sehen. Dies ist kein Ei für Anfängerinnen. Lassen Sie sich Zeit, bevor Sie sich dem Obsidian nähern. Ich empfehle dieses Ei nur für den äußerlichen Gebrauch, weil die fortgeschrittene Arbeit damit einiger Vorsichtsmaßnahmen bedarf.
Achtung: Dieser Stein ist unberechenbar. Außerdem ist er ein wenig stoßempfindlich. Er muss nicht gereinigt werden, liebt aber Wärme und das Licht der Sonne und des Mondes.

Echte und falsche Steine unterscheiden

Hier einige Hinweise der Gemmologin Elizabeth Beaumont, damit Sie Ihr Yoni-Ei auf eine informierte Weise aussuchen können. Es versteht sich von selbst, dass unsere Mutter Erde in ihrer geologischen Küche die besten Steine zusammenkocht. Echte Steine sind energetisch solchen überlegen, die in einer Fabrik oder in einem Labor produziert werden.

»Wenn die chemischen Elemente die idealen geologischen Bedingungen – Druck, Temperatur – vorfinden, kommt es zur Geburt eines Kristalls. Die Atome richten sich in einer unausweichlichen Geometrie aneinander aus, die von den Naturgesetzen vorgegeben ist. Die Winkel und Abstände sind genau bestimmt und bilden ein dreidimensionales Netz oder Gitter. Obwohl es Millionen von möglichen Verbindungen gibt, existieren nur sieben Kristallsysteme: kubisch, hexagonal, quadratisch, rhomboedrisch, orthorhombisch, monoklin und triklin. Diese Organisationsweise verleiht den Kristallen eine größere thermische Leitfähigkeit als amorphen Materialien, also solchen, in denen die chemischen Elemente beliebig angeordnet sind (das gilt zum Beispiel für Bernstein, Obsidian, Industrieglas und Plastik). Aus diesem Grund fühlen sich die Mineralien kalt an (Sie spüren das am besten, wenn Sie den Stein an die Innenseite Ihres Handgelenks oder an die Schläfe legen), während amorphe Materialien wie Plastik, Komposite, Industrieglas und so weiter sich eher warm anfühlen. Wenn Sie einen Obsidian untersuchen, einen Opal oder Moldavit – oder auch ein Stück Bernstein –, können Sie natürliche Materialien auf diese Weise nicht erkennen. Denn obwohl sie aus der Natur stammen, sind sie eben doch amorph.«

Wie erkennt man nun Industrieglas? »Es ist warm oder sogar heiß, wenn man es anfasst. Wenn es transparent ist, können Sie Bläschen erkennen, die manchmal auch einen kleinen runden Krater aufweisen.«

»Wenn das Material sehr leicht ist, wesentlich leichter als das natürliche Material, das imitiert werden soll, und wenn es sich noch dazu warm anfühlt, dann ist es vermutlich Plastik. Wenn Sie Zweifel haben, drücken Sie mit einer erhitzten Gabel dagegen – am besten an einer nicht gut sichtbaren Stelle, zum Beispiel an der Bohrung. Wenn es Plastik ist, sollte ein stechender Geruch wahrnehmbar sein. Bernstein lässt sich leicht mit Plastik verwechseln, aber beim Gabeltest verströmt er einen ausgesprochen angenehmen Geruch. Wenn der Geruch eher an Baumharz erinnert, ist es vermutlich Kopal, eine junge Form von Bernstein.«

Es gibt viele Imitationen aus nicht natürlichen, synthetischen Materialien. Ich hoffe, dass Sie mithilfe dieser Ratschläge genau instruiert sind, wenn Sie Ihren Stein auswählen.

Ratschläge von Elizabeth Beaumont für die Pflege der Steine

Natursteine müssen sorgfältig behandelt werden, wenn man sie lange erhalten will. Hier einige wertvolle Hinweise von Elizabeth Beaumont. In Kapitel 4 dieses Buchs gebe ich Ihnen auch noch Tipps für die energetische Reinigung der Yoni-Eier.

In jedem Fall gilt: Halten Sie sich an natürliche, möglichst wenig verarbeitete Materialien.

Geringe Härte

»Steine mit einer Härte unter 5 auf der Mohs-Skala sind eher kratzempfindlich. Man sollte sie deshalb nicht in Wasser oder gar mit abrasiven Mitteln wie Salzwasser reinigen, denn dadurch verlieren sie ihren schönen Glanz. Eine energetische Reinigung durch Klang (tibetische Klangschalen, Kristallschalen, Stimmgabel, Glocke und so weiter) oder durch Räuchern mit Salbei bietet sich eher an.«

Entfärbung

»Viele wollen ihre Steine ›aufladen‹, indem sie sie ins Sonnenlicht legen. Dazu muss man aber wissen, dass die Farbe einiger Steine verblassen und sogar verschwinden kann, wenn man sie über längere Zeit dem direkten Sonnenlicht aussetzt. Das gilt für kristalline Quarze und vielfarbige Steine wie Amethyst, Citrin, Rauchquarz, Prasiolith, aber auch für die Familie der Spodumene mit Vertretern wie Kunzit und Hiddenit.«

Thermischer Schock

»Manche Steine können bei starken Temperaturschwankungen reißen. Das gilt wiederum für die Familie der kristallinen Quarze: Rosenquarz, Amethyst, Bergkristall, Rauchquarz und so weiter. Wenn Sie diese Steine in Wasser legen wollen, sorgen Sie dafür, dass das Wasser dieselbe Temperatur hat wie der Stein. Wenn Sie wollen, können Sie dann nach und nach etwas warmes Wasser nachgießen.«

Risse

»Manche Steine haben vorgegebene Risse, das heißt, in einer bestimmten Richtung sind die Elektronen weniger eng verbunden, sodass der Stein entlang dieser Linie reißt. Vermeiden Sie also Stöße und lassen Sie diese Steine nicht auf harten Boden fallen. Das ist unter anderem beim Fluorit der Fall, beim Kalzit, Topaz, bei Diamanten und Steinen aus Feldspat (Mondstein, Amazonit, Sonnenstein, Labradorit), bei Selenit und Skapolith.«

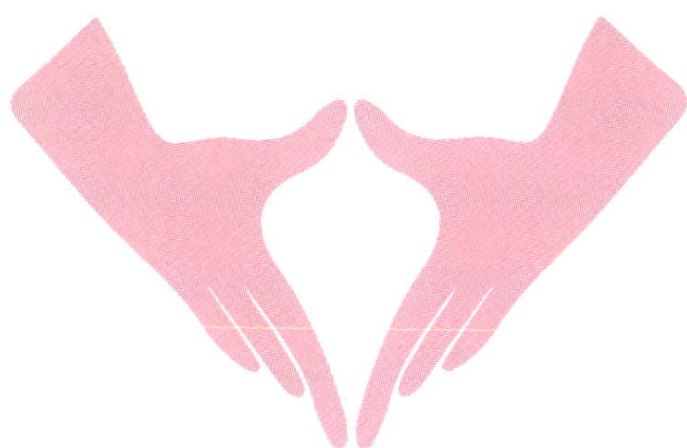

Die Praxis des Yoni-Eis

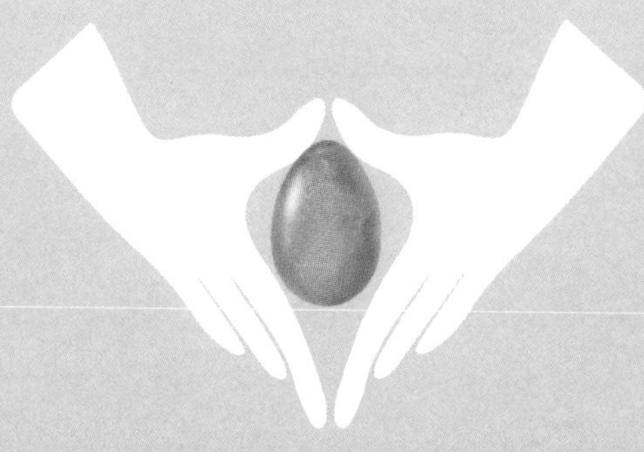

Erste Schritte

Lernen Sie Ihr Yoni-Ei kennen

Wenn es das erste Mal ist – ja, das Leben ist nun mal angefüllt mit ersten Malen! –, haben Sie vielleicht Bedenken oder fragen sich, auf was Sie sich da eingelassen haben, wenn Sie mit der Praxis des Yoni-Eis beginnen. Sie sind fast schon bereit loszulaufen, aber noch nicht ganz. Furcht ist in diesem Zusammenhang etwas ganz Normales. Hetzen Sie sich nicht, der richtige Moment, um mit der Praxis des Yoni-Eis zu beginnen, kommt von ganz allein.

Zunächst einmal sollten Sie sich mit dem Ei vertraut machen wie mit einem neuen Freund. Begrüßen Sie es, heißen Sie es willkommen. Es gibt so viele Möglichkeiten, sich mit dem Ei vertraut zu machen, wie es Frauen gibt. Bei manchen geht es ganz schnell, bei anderen braucht es Zeit, bis sich eine Beziehung entwickelt. Und wieder andere müssen einfach warten, bis der richtige Augenblick gekommen ist.

DIE UNGEDULDIGEN

> “Ich war ungeduldig und wollte mein Ei sofort ausprobieren. Dann habe ich aber doch drei Tage gebraucht, um mich damit vertraut zu machen. Zuerst habe ich es beim Spazierengehen in der Tasche mit mir herumgetragen.”
>
> *Sophie*

> “Ich habe nicht viel Zeit gebraucht. Eine kurze Vorstellung, ein paar freundliche Worte … Heute Abend treffen wir uns schon zum vierten Mal.”
>
> *Stéphanie*

DIE GEDULDIGEN

„Ich habe mir Zeit genommen, mein Ei gut kennenzulernen. Ein paar Nächte lag es unter meinem Kopfkissen, wenn ich schlief, dann habe ich es immer wieder in die Hand genommen und gestreichelt. So ging das einige Tage. Ich denke, nachdem es hier ankam, hat es etwa einen Monat gedauert, bis ich das Gefühl hatte, jetzt ist der richtige Zeitpunkt gekommen."

Laure

„Ich habe das Ei in den ersten paar Tagen nicht eingeführt, sondern ich habe gewartet. Heute schlafe ich jede Nacht mit meinen Eiern und führe eins von ihnen ein, wenn es das will. Es klingt komisch, aber so läuft das nun mal."

Béatrice

„Ich besitze ein großes Ei aus Rosenquarz, weil ich vier Kinder geboren habe. Zwei oder drei Wochen hat es wohl gedauert, bis ich es das erste Mal angewendet habe. Ich habe es zum Schlafen immer unter mein Kopfkissen gelegt, und irgendwann an einem Nachmittag habe ich mich dann getraut … Es ist ganz kalt hineingeglitten und ganz warm wieder herausgekommen!"

Maud

„Seit ich mit der Praxis begonnen habe, erlebe ich immer wieder Überraschungen. Ich habe mir lange Zeit gelassen, meine zwei Eier kennenzulernen, aber seitdem fühle ich mich wie neugeboren. Ich bin wieder wie früher: sanft, fröhlich, voller Energie und Mitgefühl …"

Muriel

Ratschläge von Anwenderinnen

Viele von Ihnen haben mir Ratschläge übermittelt, um anderen Frauen Mut zu machen. Hier die wichtigsten:

- Lass dir Zeit.
- Hör auf deinen Körper.
- Vertraue auf dein Bewusstsein und deine Instinkte.
- Probier das Ei erst mal für kurze Zeit aus, dann etwas länger und immer so weiter.
- Geh sanft mit dir um und nimm ein Ei mit Rückholfaden, vor allem die ersten Male, damit du nicht unnötig in Panik gerätst, wenn du es nicht gleich wieder rausbekommst.
- Warte auf den richtigen Moment, wenn du Lust dazu hast, wenn du bereit bist, dich neuen Möglichkeiten zu öffnen.
- Verbinde dich vor jeder Anwendung auf freundschaftliche Weise mit dem Stein.

“ Beim ersten Mal darf man sich nicht verspannen. Am besten ist es, tief durchzuatmen, sich zu entspannen und etwas Kokos-, Oliven-, Sesam- oder Mandelöl zu benutzen. ”

Emma

“ Am besten gar nicht auf eine Wirkung warten, sondern beobachten, wie der Körper auf den Kontakt mit dem Ei reagiert, und sich dabei die ganze Zeit streicheln. Es ist unheimlich wichtig, sich von den Bildern masturbierender Frauen zu befreien. Wir sollten diesen Moment der Weiblichkeit ohne Schuldgefühle genießen. Es ist wie eine Meditation. ”

Marianne

“ Beim ersten Mal habe ich mich hingelegt. Ich habe es nicht sehr lange drin gelassen. Ich glaube, es ist wichtig, auf den Körper zu hören und es sehr sanft einzuführen. Wenn meine Yoni dazu bereit ist, öffnet sie sich. Es ist auch wichtig, das Ei vorsichtig wieder herauszuziehen, wenn es reicht. So einfach ist das. ”

Florence

Das Yoni-Ei vorbereiten

Reinigen

Vor der Anwendung des Eis nehmen Sie sich einen Moment Zeit, um es zu reinigen und vorzubereiten. Jede Frau wird die richtige Methode dazu finden, aber seien Sie an diesem Punkt unerbittlich. Es ist wichtig.

Sie können das Ei sorgfältig mit einer milden Seife oder einer Essiglösung waschen und dann mit warmem Wasser abspülen, wobei Sie die Temperatur langsam erhöhen. Dann trocknen Sie es mit einem extra dafür gedachten Tuch ab.

Wenn Sie ein durchbohrtes Ei besitzen, können Sie das Innere der Bohrung mit einer kleinen Bürste für die Zahnzwischenräume reinigen. Das braucht ein bisschen Zeit. Mantak Chia rät: »Weichen Sie das Ei in Wasser mit ein paar Tropfen Teebaumöl ein. Der Rückholfaden sollte nach jeder Anwendung entfernt werden.«

Auch die Osteopathin Corinne Léger rät zur Verwendung von Teebaumöl. »Es wirkt gegen Keime, Viren, Pilze und Parasiten (z.B. Trichomonas vaginalis). Dieses ätherische Öl ist außerdem entzündungshemmend, antioxidativ und heilend. Sein Anwendungsspektrum ist wirklich groß, und es stört die Schleimhäute und die Scheidenflora nicht.«

> “Ich benutze Aleppo-Seife, um mein Ei zu reinigen, und zwar vor und nach jeder Anwendung. Vor der Anwendung gebe ich etwas ätherisches Lavendelöl darauf, nach der Anwendung Teebaumöl.”
>
> *Aurélie*

Dabei sollten wir aber bedenken, dass wir auch den Penis des Mannes weder sterilisieren noch desinfizieren, bevor wir ihm den Kontakt mit unserer Vagina gestatten. Daran können wir uns bei der Entscheidung für die nötigen Hygienemaßnahmen ganz gut orientieren.

Energetische Reinigung

Auf energetischer Ebene wird das Ei in Kontakt mit Ihnen und den Energien in Ihrer Yoni treten. Der Stein des Eis besitzt energetische Eigenschaften, die er mit Ihnen teilen kann, aber das Ei wird auch negative Energien aufnehmen und reinigen, die sich in Ihrer Yoni angesammelt haben. Und damit das Ei seine energetische Kraft behält, sollte es regelmäßig von negativen Energien befreit werden, die es aufgenommen hat. Ich gebe Ihnen später im Buch noch einige wertvolle Hinweise für die energetische Reinigung durch Rituale. Nutzen Sie sie mit Kreativität und Intuition.

Programmieren

Vor dem Einführen des Eis lassen Sie sich mit einer Geste darauf ein, diesen Teil Ihres Körpers zu entdecken, auf ihn zu hören und sich von ihm leiten zu lassen. Im vierten Kapitel dieses Buchs erkläre ich im Detail die Formulierung solcher Absichten und verschiedene Möglichkeiten, sie zu äußern und das Yoni-Ei damit zu programmieren.

Festbinden

Manche Yoni-Eier sind durchbohrt, sodass man einen Faden daran befestigen kann. Dieser Faden macht es Ihnen leichter, das Ei wieder aus Ihrer Yoni zu ziehen, wenn Sie es wünschen. Vor allem bei den ersten Malen gibt das Sicherheit. So können Sie sich mit dem Ei vertraut machen, mit der gesamten Praxis und mit Ihrer Yoni.

Ich bevorzuge ganz klar horizontal durchbohrte Yoni-Eier, die die Bohrung an der spitzeren Seite haben. Es gibt aber auch vertikal durchbohrte Eier. Das Ei wird mit der flacheren, dickeren Seite voraus eingeführt, sodass der Faden nach unten zeigt wie bei einem Tampon. So können Sie das Ei ganz leicht herausziehen.

Bereiten Sie einen Baumwollfaden (zum Beispiel aus Küchengarn) vor, es geht aber auch mit Zahnseide ohne Menthol und Wachs oder mit einem Stück Angelleine (das ist aber eher unangenehm). Ich mag am liebsten Baumwolle, auch wenn Zahnseide sich leichter einfädeln lässt.

Wenn Sie sich für einen Faden entschieden haben, schneiden Sie ihn in der richtigen Länge ab, etwa so lang wie Ihre Handfläche. Nehmen Sie ihn dann doppelt.

Fädeln Sie den doppelten Faden in die Bohrung ein, ziehen Sie den Doppelfaden durch die Schlinge und verknoten Sie ihn. Jetzt ist Ihr Ei für die Anwendung vorbereitet.

Den Körper vorbereiten

Lassen Sie Ihre Yoni innerlich lächeln

Die Praxis des inneren Lächelns, wie sie von Mantak Chia unterrichtet wird, ist eine einfache und wertvolle Art und Weise, die Praxis des Yoni-Eis zu begleiten. Es geht darum, den inneren Organen zuzulächeln: dem Bauch, dem Darm und selbstverständlich der Yoni. Suchen Sie sich einen ruhigen Ort, setzen Sie sich mit geschlossenen Augen hin und lassen Sie alle Gefühle und Anspannungen hinter sich. Atmen Sie tief durch. Spüren Sie Ihren Augen nach und rollen Sie sie vorsichtig. Dann lassen Sie sie zur Ruhe kommen.

»Die Praxis des inneren Lächelns beginnt bei den Augen, weil sie mit dem vegetativen Nervensystem verbunden sind, das die Arbeit aller Organe und Drüsen regelt. Die Augen sind die ersten Empfänger emotionaler Signale und setzen eine Aktivierung der Organe und Drüsen in Gang, wenn Stress oder Gefahr auftreten. Und sie verlangsamen die Aktivität wieder, wenn die Krise vorbei ist. Wenn alles gut läuft, reagieren die Augen ruhig und ausgeglichen. Deshalb entspannt man den ganzen Körper, wenn man die Augen entspannt. Damit spart man Energie für die Aktivität, die gerade dran ist«, erklärt Mantak Chia.

Lassen Sie das Gefühl der Entspannung über Ihr Gesicht ziehen, Ihre Schädeldecke, die Wangenknochen, den ganzen Kopf hinunter. Lächeln Sie bewusst und atmen Sie ruhig weiter. Auf ganz natürliche Weise wird das Lächeln auch auf Ihrem Gesicht erscheinen.

Atmen Sie tief ein und aus und lächeln Sie weiter. Ihr Atem wird freudiger. Lenken Sie Ihr Lächeln jetzt zu den einzelnen inneren Organen. Lassen Sie es wie einen Schluck Wasser hinuntergleiten zu Ihrem Kiefer, Ihrer Kehle, den Lungen, der Leber, dem Dünndarm, der Bauchspeicheldrüse, dem Magen und der Milz, die an ihrer linken Seite liegt. Schließen Sie auch Ihre Nieren im unteren Rücken in das Lächeln ein, vergessen Sie die Nebennieren nicht, die Blase, dann noch den Magen, den Dickdarm, den Enddarm, Ihre Geschlechtsorgane und Ihre Yoni. Lenken Sie Ihre Atmung und Ihr Lächeln dorthin. Sie wird sich mit Energie füllen. Nehmen Sie sich einen Moment Zeit, um diese lebensvolle Energie zu visualisieren und sich jeden Teil Ihrer Yoni vorzustellen: Vagina, Gebärmutter, Eileiter, Eierstöcke, Klitoris, Schamlippen und so weiter. Spüren Sie das Lächeln wie eine innere Massage und genießen Sie jeden Augenblick.

Halten Sie das innere Lächeln so lange aufrecht, wie Sie mit dem Yoni-Ei üben – und wenn Sie wollen, den ganzen Tag.

Aisha präzisiert: »Wenn wir unserer Yoni ganz einfach zulächeln, fühlt sich das erst mal fremd an, aber es ist tatsächlich die Grundübung für das Jade-Ei. Es geht darum, sich diesen Bereich bewusst zu machen. Wenn wir die Energie der Yoni danach loslassen, umfasst sie die Vulva, die Vagina, die äußeren und inneren Schamlippen und alle inneren Öffnungen, die man in ihrer Gesamtheit auch als Jadegrotte bezeichnet. Das Lächeln ist der Schlüssel zu einer Tür, durch die man diese Grotte und von da aus den Jadepalast betritt. In diesem Palast wohnt Ihre Göttin. Es ist ein sehr heiliger und schöner Ort.«

Selbstmassage, um blockierte sexuelle Energien zu lösen

Vor jeder Anwendung des Yoni-Eis sollten Sie sich ein wenig Selbstvertrauen schenken, indem Sie sich selbst massieren. Es geht dabei nicht um eine Masturbation, sondern um energetische und emotionale Vorbereitungen auf die Arbeit mit dem Ei, sodass diese sich unter den bestmöglichen Bedingungen vollzieht.

Einige Beispiele von Spezialistinnen auf diesem Gebiet:

Ein Rat von Sarina

Die erste Übung stammt von Sarina Stone, die sie mir bei einem meiner Interviews im Tao Garden anvertraut hat; sie ist das Ergebnis jahrelanger Praxis und Forschung unter der Anleitung von Mantak Chia.

»Die Technik der Katzenpfötchen ist ganz einfach. Katzen machen nämlich eine Bewegung mit ihren Pfoten, bevor sie sich zurückziehen und hinlegen oder ganz einfach, um eine Stelle weicher zu machen. Ich lade Sie ein, dasselbe zu tun und diese sanften Bewegungen mit Ihren Händen auf Ihrem Oberbauch zu machen. Legen Sie zuerst den Handballen hin, dann die Finger, jeweils auf einer Seite des Magens. Drücken Sie sanft und abwechselnd mit beiden Händen. Wenn es an einer Stelle wehtut, drücken Sie mit den Fingerspitzen hinein und lächeln Sie, bis die Stelle weich wird. Danach warten Sie eine oder zwei Minuten, bis die Energie wieder richtig fließt. Vergessen Sie nicht, Ihren Organen dabei zuzulächeln. Sie können sich vorstellen, dass sie ein Stück Butter sind, das langsam schmilzt.«

Ratschläge von Shashi

In unserer Yoni lagern sich alle möglichen Erinnerungen ab. Ich gebe hier einen Rat von Shashi Solluna weiter, einer Tantra-Spezialistin, die ich auf der Insel Koh Phangan in Thailand interviewt habe. Die Übung ist sehr gut geeignet, um sich auf das Einführen des Eis vorzubereiten.

»Ich rate Frauen gern, zunächst einmal mit dem Ei sanft an verschiedenen Stellen der Öffnung ihrer Yoni anzuklopfen und das Ei auch eine Weile dort zu halten. Sie werden vielleicht kleine Kontraktionen spüren, die Yoni beginnt zu vibrieren und sich zu entspannen. Sehr oft kommt es in diesem Moment zu einer riesigen emotionalen Befreiung. Oft fließen dabei Tränen, und das ist gut so, denn es erlaubt uns, die verspannten Bereiche unserer Yoni zu öffnen. Man kann die Yoni sogar mit dem Ei massieren. Lassen Sie sich die ersten Male viel Zeit für die Massage. Massieren Sie Ihre Schenkel und halten Sie das Ei an die Öffnung Ihrer Yoni. Stellen Sie sich vor, wie sich Ihre Yoni öffnet – als würden die Flügel eines Tores aufgehen. Dann drücken Sie leicht auf die Öffnung. Halten Sie das Ei einige Sekunden so, atmen Sie, halten, atmen …«

Wenn Sie mit der Praxis der Selbstmassage beginnen, wird Ihre Yoni bald bereit sein, das Ei aufzunehmen und mit ihm in Kontakt zu treten. Sie machen sich damit ein wunderbares Geschenk.

Die Yoni ist ein tiefer, geheimer Ort, an dem sich Erinnerungen ansammeln können. Wenn Sie durch die Arbeit mit dem Ei ins Bewusstsein geholt werden, kann das zu sehr emotionalen Reaktionen führen, durchaus auch zu Tränen.

Seien Sie nicht überrascht, wenn Ihre Yoni ihre Jugend, ihre Lebendigkeit und ihr Selbstvertrauen wiederfindet und wenn sie nach einer solchen Befreiung weicher wird. Was Sie da erleben, ist ein Prozess der Selbstheilung.

Wenn nötig, bitte anfeuchten

Wenn Sie den Eindruck haben oder sicher sind, dass Sie nicht feucht genug sind, um das Ei in Ihre Yoni einzuführen, nehmen Sie sich noch ein bisschen mehr Zeit, um sich vorzubereiten. Reiben Sie Ihre Hände kräftig aneinander. Schicken Sie Herzensenergie hinein und massieren Sie sich, zuerst Ihren Bauch, dann die Innenseite Ihrer Schenkel, die Knochen rund um Ihr Geschlecht und Ihre Yoni.

Spüren Sie die Wärme, die liebevolle Energie, die alle Spannungen in Ihrem Körper auflösen kann. Atmen Sie. Lächeln Sie und legen Sie eine Hand auf Ihr Herz, die andere auf Ihre Yoni. Lassen Sie dreimal den Laut »hawwww« ertönen und lächeln Sie weiter.

Lassen Sie die Erregung ansteigen, massieren Sie Ihre Brüste, streicheln Sie sich und nehmen Sie etwas Kokosöl oder Aloe vera zu Hilfe. Diese Pflanze hat heilende Kräfte, wenn es Risse oder Reizungen in Ihrer Yoni gibt. Außerdem erfrischt sie auf natürliche Weise.

Zögern Sie nicht, eine Creme auf Naturbasis zu benutzen, um im Außenbereich feuchter zu werden. Das erleichtert das Einführen des Eis.

> “Ich nehme besonders gern Kokosöl, um mich zu massieren und das Ei damit einzureiben. Dazu mische ich ein paar Tropfen ätherisches Sandelholzöl.”
>
> *Bénédicte*

Nehmen Sie Ihr Yoni-Ei in sich auf und führen Sie Ihre Übungen und Rituale durch, wie sie in diesem Buch beschrieben sind. Damit fördern Sie eine natürliche Befeuchtung Ihrer Vagina.

Entspannen Sie sich und genießen Sie diesen intimen Moment, in dem Sie sich selbst verwöhnen, sich massieren und sich auf die Praxis des Yoni-Eis vorbereiten.

> “Wenn ich Lust spüre und es gerade passt, wähle ich den richtigen Stein für diesen Tag aus. Ich bin nackt, ich dämpfe das Licht und lasse das kalte Ei über den Eingang meiner Vagina gleiten. Dort halte ich es, während ich meine Brüste streichle. Ich spüre, wie die Energie ansteigt, und irgendwann wird mein Ei ganz sanft hineingesaugt.”
>
> *Marianne*

Innerliche Übungen

Wie Sie das Yoni-Ei zum ersten Mal einführen

Sie fühlen sich jetzt bereit, das Ei zum ersten Mal in sich willkommen zu heißen? Ihre Yoni ist zunehmend begeistert von der Idee dieser neuen Begegnung, dieser aufregenden Entdeckung?

»Ich ermutige Sie, die Textur Ihrer Yoni mit der Hand zu erforschen, bevor Sie das Ei einführen. Lernen Sie sich kennen. Wir können immer noch mehr von dem entdecken, was in unserem Körper vor sich geht. Nehmen Sie einen Spiegel zur Hand und betrachten Sie diesen Teil Ihres Körpers, beobachten Sie, öffnen Sie die Lippen Ihrer Yoni, berühren Sie ihr Inneres«, rät Lara Castro, Sexologin und Expertin für Yoni-Eier.

Natürlich kann es sein, dass Sie beim ersten Mal etwas schüchtern sind. Diese Begegnung und die Erforschung sollte in aller Sanftheit vor sich gehen, so wie ich es Ihnen hier empfehle. Am besten lesen Sie das ganze Buch durch, bevor Sie mit der Praxis beginnen. Wenn Sie alle Informationen aus diesem Buch aufgenommen haben und das Verlangen wächst, etwas auszuprobieren, sind Sie bereit und begeistert genug.

Vorsichtig einführen

Beginnen Sie, indem Sie versuchen, einen intimen Ort für Ihre Übungen zu finden. Sie müssen sich gut und entspannt dabei fühlen. Dieser Ort kann Ihr Zimmer sein. Am besten wäre es, wenn Sie allein zu Hause wären.

> “Ich übe mit dem Ei, wenn ich allein bin. Dann gehe ich in mein Zimmer und halte mich an die Anweisungen aus dem Buch. Ich streichle mich, ich lächle … wunderbar!”
>
> *Rachel*

Nachdem Sie das Ei nach den Anweisungen für gute hygienische Bedingungen in diesem Buch gereinigt haben, erwärmen Sie es in Ihren Händen oder mit warmem Wasser (der Stein ist vor dem Üben oft ein wenig kalt), nehmen es in Ihre linke Hand und legen es auf Ihr Herz. Am besten geht das im Liegen. Ihre rechte Hand legen Sie auf Ihre Yoni.

Lassen Sie dreimal den Laut »hawww« ertönen, spüren Sie die Liebe, die Freude und die Herzenswärme, die sich in Ihrem ganzen Körper und in jeder Zelle ausbreitet. Atmen Sie tief ein und aus. Gehen Sie achtsam mit Ihren Genitalien um, beobachteten Sie sie und bitten Sie um Erlaubnis zu üben. Wenn Ihre Yoni Nein sagt, lassen Sie es und warten Sie auf einen besseren Moment. Ein Nein deutet an, dass Sie noch Zweifel oder Ängste haben. Und es zeigt Ihnen, dass Ihr Körper im Moment nicht bereit ist.

Urteilen Sie nicht, beobachten Sie einfach und respektieren Sie das vorübergehende Nein Ihres Körpers. Und warten Sie auf einen anderen Zeitpunkt. Bedenken vor dem ersten Mal sind völlig normal. Atmen Sie durch und warten Sie auf einen besseren Moment an diesem oder an einem anderen Tag. Wenn Sie bereit sind, werden Sie die Sanftheit und eine Art Begeisterung spüren, mit der Sie dieses neue Abenteuer angehen. Verbringen Sie weiterhin Zeit mit dem Ei und bitten Sie Ihre Yoni, Ihnen den richtigen Moment mitzuteilen.

Wenn Sie sich bereit fühlen, nehmen Sie mit dem Ei Kontakt zu Ihrer Yoni auf. Um diese Begegnung einzuleiten, legen Sie es sanft an die großen Schamlippen und fahren Sie mit leichten kreisenden Bewegungen darüber, bis es einen guten Platz gefunden hat. Atmen Sie leicht und tief. Lassen Sie mit einem inneren Lächeln die Energie der Liebe aus Ihrem Herzen strömen und atmen Sie noch ein paar Mal tief und sanft in den Bauch.

Lassen Sie Ihre Gedanken los und spüren Sie dem Kontakt zwischen dem Ei und Ihrem Körper nach. Fühlen Sie seine Wärme und Sanftheit.

»Führen Sie das Yoni-Ei mit einem Gefühl der Freude ein, in positiver Stimmung, begleitet von einem inneren und äußeren Lächeln«, rät José Toirán.

Im Sitzen, Liegen oder Stehen sollte sich das Ei ganz natürlich einführen lassen. Spüren Sie, wie Ihre Yoni das Ei »einatmet«, während

Sie selbst einatmen. Die Vagina öffnet sich beim Ausatmen. Es kann sein, dass es eine Weile dauert, bis Sie das wirklich spüren. In diesem Fall atmen Sie und visualisieren Sie das leichte Einführen des Eis. Sie können auch Entspannungsmusik hören und eine Kerze anzünden, um sich noch mehr zu entspannen.

Wenn Sie das Yoni-Ei mit Ihrem Geschlecht in Kontakt bringen, wird es mehr oder weniger »eingeatmet«. Dafür ist der Tonus Ihrer Yoni verantwortlich. Begleiten Sie das Eindringen mit Ihrem Finger, aber ohne Druck, so als würden Sie einen Tampon einführen. Das Yoni-Ei wird sich seinen Platz in der Vagina suchen und an diesem warmen Plätzchen liegen bleiben. Und die Muskeln Ihrer Yoni werden sich zusammenziehen und ihre natürliche Spannung finden.

Wenn es nicht geht, hat das Ei vielleicht nicht die richtige Größe. Dann versuchen Sie es mit einer anderen Größe oder trainieren Sie zunächst Ihre Yoni mit den Übungen, die Sie in diesem Kapitel finden. Vielleicht ist es auch angebracht, Ihren Gynäkologen aufzusuchen, um sich gründlich untersuchen zu lassen, vor allem in Bezug auf Ihren Beckenboden.

> “Ich habe es sofort eingeführt, ohne Bedenken. Es ist nicht komplizierter als mit einem Tampon.”
>
> *Valérie*

> “Ich habe den Kontakt mit dem Ei sofort genossen, nachdem ich es langsam eingeführt hatte, ohne Schwierigkeiten und mit echter Freude (was für mich ein komplett neues Gefühl war).”
>
> *Isabelle*

Das Ei festhalten

Wenn das Ei erst einmal in Ihrer Vagina liegt, geht es vorerst darum, es dort zu halten und nicht zu verlieren. Mantak Chia erklärt: »Schon das Behalten des Eis ist eine Übung, denn zu Beginn kann es sein, dass man es fallen lässt oder dass es nicht den richtigen Platz findet. Keine

Panik: Wenn Sie einen nicht allzu zerschlissenen Slip tragen, wird er das Ei auffangen. Waschen Sie es ab, führen Sie es wieder ein und machen Sie einfach weiter.« Er fügt hinzu: »Das Ei in der Vagina zu behalten und nicht zu verlieren, ist die erste Sache. Der Schlüssel dazu liegt im Lernen, wie Sie es halten können. Dann können Sie damit auch im Haus herumspazieren. Wenn Sie unsicher sind, können Sie die Vagina zusammenziehen und so trainieren, das Ei an seinem Platz zu behalten.«

Ein weiterer Rat, den José Toirán mir gab: Um das Ei nicht zu verlieren, können Sie den Faden an Ihrem Slip befestigen. Denn es kann ja sein, dass es Ihnen entschlüpft, wenn Sie zur Toilette wollen, wenn Sie mit einer Freundin laut lachen oder niesen. In solchen Situationen bewegt sich die Gebärmutter und kann das Ei Richtung Ausgang schieben. Mit etwas mehr Training werden Sie lernen, die Muskeln zusammenzuziehen und das Ei zurück in die Mitte Ihrer Vagina zu bewegen. Sie können sogar damit spielen und es durch Kontraktionen nach oben und nach unten bewegen. Solche Übungen tragen dazu bei, dass Sie das Ei immer besser beherrschen.

Hegen Sie am Anfang am besten keine großen Erwartungen. Lassen Sie Ihren Körper und Ihre Yoni machen. Entspannen Sie sich, amüsieren Sie sich, allein oder mit Ihrem Partner. Ihr Körper wird mit dem Ei zusammenarbeiten, Ihre Empfindungen werden weiter fortschreiten, und Ihre Verbindung mit Ihrer Yoni wird sich verstärken. Bewegen Sie sich ruhig.

> „Tatsächlich spüre ich allmählich meine gesamte Vagina besser und kann sie beim Geschlechtsverkehr zusammenziehen. Ich spüre auch meine Orgasmen intensiver. Ich finde, das ist eine schöne Reise, auf der ich gerne weitermachen möchte."
>
> *Claire*

Pausen machen

Es ist wichtig, darauf hinzuweisen, dass die Pausen zwischen den Übungen genauso wichtig sind wie die Zeiten, die Sie sich für die Übungen aus diesem Buch reservieren. In den Erholungszeiten sollten Sie Ihre Yoni und ihre Botschaften beobachten sowie die Veränderungen, die es ihr gestatten, sich wieder aufzubauen.

Zu Beginn der Übungen ist es nicht gut, das Ei den ganzen Tag im Körper zu behalten. Hören Sie auf Ihren Körper und die Empfindungen Ihrer Yoni, die Ihnen deutlich sagen wird, wie sie sich fühlt. Ein paar Minuten Anspannung und Entspannung sind für den Anfang genug.

Wenn Sie das Yoni-Ei einen ganzen Tag lang getragen haben, müssen Sie unbedingt eine mehrtägige Pause einlegen. Wie ich Ihnen noch etwas später in diesem Kapitel erklären werde, kann man die Übungen mit dem Yoni-Ei machen oder auch ohne. Außerdem gibt es einige Rituale, die es Ihnen gestatten, sich mit dem Ei vertraut zu machen, bevor Sie es einführen.

Jutta bestätigt, wie wichtig ein schrittweises Vorgehen ist, bei dem man auf die eigenen Gefühle achtet: »Man kann jeden Tag üben, wenn man will. Lange Einheiten sind aber nicht nötig, ein paar Minuten genügen, wenn man konzentriert und fokussiert übt. Das Nervensystem muss nachkommen, wenn man sich mit seiner Vagina verbinden will. Man konzentriert sich einfach auf die Empfindungen beim Zusammenziehen.«

Das Ei wieder entfernen

Das Entfernen des Eis ist in der Regel nicht besonders sexy. Insgesamt braucht man schon ein wenig Humor für diese Praxis. Manchmal hat man das Gefühl, die Yoni will das Ei nicht mehr – denn sie lässt uns das auf vielerlei Art wissen: So haben Sie zum Beispiel auf einmal das Gefühl, Sie müssten dringend zur Toilette. Es kann also sein, dass das Yoni-Ei Sie von Zeit zu Zeit in die peinliche Situation bringen kann, dass Sie es aus der Toilette herausfischen müssen. Ja, ich fürchte, dieser Realität müssen Sie sich im Zusammenhang mit dieser Praxis stellen. Besonders zu Anfang ist das Yoni-Ei immer wieder für Überraschungen gut.

Wenn Sie das Gefühl haben, das Ei möchte lieber im Warmen bleiben, üben Sie einfach noch ein bisschen weiter. Wenn es dann immer noch bleiben will und weder stört noch Schmerzen bereitet, wenn Sie dabei gelassen bleiben können, lassen Sie es, wo es ist, und hören Sie auf Ihre Yoni.

Wenn Sie es aber entfernen möchten, atmen Sie tief ein und ziehen Sie sanft beim Ausatmen an dem Rückholfaden. Entspannen Sie sich, das Ei wird dem Faden folgen.

> “Ich habe Vertrauen zu meiner Fähigkeit, meine Vagina zusammenzuziehen und das Ei auszustoßen, wenn ich das möchte. Ich bin schon sehr glücklich, wenn es in mir bleibt, solange ich das will.”
>
> *Nathalie*

Wenn Sie keinen Faden angebracht haben und das Ei schnell loswerden wollen, husten Sie, lachen oder drücken Sie. Dann kommt es schon. Wenn nicht, hocken Sie sich hin und … legen Sie ein Ei. Keine Panik, am Ende kommt es immer heraus. Einmal hatte ich es sechs Tage lang in mir! Das ist nicht besonders empfehlenswert, aber nachdem ich es ohne Faden eingeführt hatte, beschloss es eben, im Warmen zu bleiben. Heute kann ich es nach einiger Übung einfach ausstoßen, wenn ich das will.

> “Ich habe ein großes Ei ohne Rückholfaden. Nach vierundzwanzig Stunden in Panik, weil ich es nicht wieder loswurde, ist es einfach von selbst hinausgeglitten. Seitdem weiß ich, dass es irgendwann den Weg findet.”
>
> *Éliane*

> “Ich liebe mein Ei. Ich habe keine Angst, dass es stecken bleibt, weil ich meinem Körper vertraue. Ich liebe ihn, und er war immer mutig und gut mit mir verbunden.”
>
> *Véronique*

Mit den Übungen beginnen

Da ist das Ei also, und Sie sind auch da, also: beste Voraussetzungen, um mit dem Üben zu beginnen. Hier einige Übungen für den Anfang. Sie können im Liegen, Sitzen, Knien oder Stehen durchgeführt werden.

Wie ich schon erklärt habe: Bevor Sie das Ei einführen, seufzen Sie einmal tief und legen das Ei an den Eingang Ihrer Yoni, mit der flachen, dickeren Seite voraus. Das spitzere Ende mit dem Rückholfaden zeigt von Ihnen weg. Mit einer sanften Bewegung schaukeln Sie ein wenig und lassen das Ei allmählich in sich hineingleiten, ganz sanft.

Wenn es einmal in Ihrer Yoni ist, können Sie ganz normal weiteratmen und Ihre Vagina zusammenziehen und wieder loslassen, um die Muskeln aufzubauen. Machen Sie dazu eine sanfte Bewegung mit dem Becken. Wenn Sie wollen, können Sie beim Einatmen Ihre Vagina kräftiger zusammenziehen und beim Ausatmen entspannen. Auf diese Weise bewegt sich das Ei in Ihrem Inneren. Auch hier können Sie Ihr Becken bewegen, wenn Sie wollen.

José Toirán erklärt: »Wenn Sie mit dem Yoni-Ei üben, beobachten Sie Ihren Körper – Ihren Hals, Ihre Schultern, mögliche Verspannungen. Entspannen Sie sich, beobachten Sie sich, bedanken Sie sich. Und dann tun Sie einfach, was Sie wollen. Das Yoni-Ei wird Sie häufig auf körperliche Probleme aufmerksam machen, die Ihre Beachtung verdienen. Es macht vorbeugendes Handeln möglich.«

Seien Sie sich der Gegenwart des Eis in Ihrem Körper bewusst, wenn Sie es in sich bewegen. Ihr Gespür dafür wird sich mit regelmäßiger Praxis immer mehr verfeinern. Beobachten Sie Ihre Reaktionen und notieren Sie sie jedes Mal in Ihrem Tagebuch: Was Sie empfunden haben, welche Rituale Sie angewandt haben, was Ihnen gefällt, was Sie beobachten.

Wenn bis dahin alles gut läuft, machen Sie einfach weiter und fragen sich selbst, ob Sie die Bewegungen des Eis spüren, wenn Sie Ihre Vagina zusammenziehen. Zu Beginn der Praxis spürt man es nämlich normalerweise nicht. Nach einiger Zeit wächst aber die Empfindsamkeit dafür. Am Anfang richtet sich die Aufmerksamkeit eher auf den Unterschied zwischen Anspannung und Entspannung. Und natürlich steigen Emotionen auf. »In unserer Yoni sind viele Emotionen gespeichert. Durch die Praxis des Yoni-Eis lösen sie sich«, erinnert Lara Castro, Sexologin, Psychotherapeutin und Spezialistin für diese Praxis.

Machen Sie weiter, solange Ihr Körper und Ihre Yoni einverstanden sind. Versuchen Sie ruhig auch, das Ei zu schieben und auszustoßen, um zu spüren, wie es sich bewegt und aus Ihnen herausgleitet.

»Wenn eine Frau das Ei leichter ausstoßen als hochziehen kann, ist das oft ein Zeichen dafür, dass Sie viel an andere abgibt, zum Beispiel an ihre Familie. Wenn Sie sich Zeit nimmt und immer wieder übt, wird das Ei seinen Platz finden«, erklärt José Toirán.

Auch was das Entfernen des Eis angeht, kann man sagen, dass es zu Anfang nicht leicht ist. Aber diese Phase dauert nicht lange. Der Rückholfaden kann Ihnen helfen – zögern Sie nicht, ihn zu benutzen. Ich persönlich nehme ihn nicht oft, weil ich mit dem Ei vertraut bin und weiß, dass ich es ausstoßen kann, wenn ich will. Ich kenne meinen Körper inzwischen besser und finde leicht die Kraft, das Ei aus meiner Yoni herauszubewegen. Und noch einmal der Hinweis für den Fall, dass Sie Schwierigkeiten haben: Hocken Sie sich hin und drücken Sie, dann kommt es von allein.

> “Ich lege mein Ei vor mich hin wie einen Schatz, ich lächle mit meinem Körper und mit dem Gesicht. Dann massiere ich meinen Bauch und atme. Ich höre auf meinen Körper, ich danke ihm und lege mein Ei an meine Yoni, wo ich es sanft festhalte. Ich versuche zu visualisieren, wie es im Rhythmus meines Atems aufsteigt und sinkt. So weit bin ich im Moment. Dann trage ich es immer ein paar Stunden in mir, bis ich spüre, dass es rauswill.”
>
> *Cécile*

Entdecken Sie sich selbst

Hier einige Übungen von Mantak Chia aus dem Tao Garden, die ich gern mit Ihnen teilen möchte. Zwischen den Übungen sollten Sie Ihre Hände energetisieren, indem Sie sie aneinanderreiben. Dann massieren Sie Ihren Bauch, Ihre Eierstöcke, legen Sie Ihre Hände auf Ihr Herz und massieren Sie Ihre Brüste in alle Richtungen. Schicken Sie so viel Mitgefühl und gute Energien in sich hinein wie möglich. Denken Sie daran, innerlich und äußerlich zu lächeln. Ein positiver und freudiger innerer Zustand ist wichtig für die Übungen.

Übungen zur Stärkung der Organe

Legen Sie sich ausgestreckt hin, atmen Sie ein und führen Sie das Yoni-Ei in Ihre Vagina ein. Heben Sie Ihr Becken und Ihren Venushügel so hoch wie möglich. Atmen Sie aus und entspannen Sie sich, während Sie Wirbel für Wirbel den Rücken wieder ablegen. Dabei lassen Sie die Töne »mmm«, »ooo« oder »aaa« hören. Es ist wichtig, die Kehle zu öffnen; auch sie ist am Erfolg der Übungen beteiligt.

Bewusst gehen

Setzen Sie einen Fuß nach vorn. Machen Sie sich bewusst, dass diese Bewegung Einfluss auf das Innere Ihrer Genitalien hat. Es ist egal, mit welchem Fuß Sie anfangen – wechseln Sie ab. Die Waden sind entspannt und bewegen sich frei. Nehmen Sie sich Zeit. Legen Sie Ihre Hände auf Ihren Unterbauch und lenken Sie Ihr Bewusstsein in diesen Bereich. Wechseln Sie immer wieder den Fuß.

Scheibenwischer

Stehen Sie leicht hüftbreit und drehen Sie Ihre Füße nach innen. Achten Sie darauf, dass Sie die Füße nicht strecken, sondern nur die Zehen zueinanderziehen. Drehen Sie sie dann wieder nach außen und wieder nach innen, sodass sich die großen Zehen berühren. Spüren Sie nach, wie sich Ihre Genitalien mit bewegen.

Wichtiger Hinweis: Ruhen Sie sich nach jeder Übungseinheit aus. Halten Sie Ihre Zunge entspannt und in Kontakt mit dem Gaumen. Lächeln Sie Ihrem Körper zu. Wenn Sie eine unangenehme Empfindung bemerken, massieren Sie das betroffene Gebiet mit liebenden Händen und ruhen sich aus. Machen Sie dann mit der Übung nicht weiter. Da Sie Ihre Muskeln trainieren, kann es sein, dass diese müde werden oder dass Sie später einen Muskelkater bekommen.

Übung für alle drei Öffnungen

Die Sexologin und Psychotherapeutin Lara Castro hat bei einem Kurs, den sie gemeinsam mit José Toirán in Bordeaux leitete, die folgenden interessanten Übungen vorgeschlagen, die ich ebenfalls gern mit Ihnen teilen möchte.

Notieren Sie bitte in Ihrem Tagebuch die Empfindungen, die Sie bei jeder Etappe haben. Das wachsende Bewusstsein für Ihren Körper, Ihre Yoni, Ihre Gefühle und Empfindungen ist ein wertvoller Hinweis, der Ihrer Praxis nützt. Sie werden Ihren Körper besser verstehen, Fortschritte machen und seine Segnungen und Geheimnisse genießen.

1. Führen Sie das Ei ein, halten Sie den Faden fest und ziehen Sie Ihre Yoni ein paar Mal zusammen und entspannen Sie sie wieder.
2. Wenden Sie sich den drei Öffnungen zu: Harnröhre (1), Vagina (2) und Anus (3). Schließen Sie jede Öffnung einzeln in der Reihenfolge 1, 2, 3 und wieder zurück: 3, 2, 1. Wie fühlt sich das an? Können Sie die drei Bereiche spüren? Wenn nicht, wenden Sie sich noch einmal dem ersten Kapitel zu, in dem die Anatomie beschrieben wird. Am besten nehmen Sie einen Spiegel zu Hilfe, denn es ist wichtig, sich gut zu kennen, bevor Sie mit den Übungen weitermachen.
3. Lernen Sie das untere und das obere Dreieck Ihrer Yoni kennen, indem Sie zunächst Vagina und Harnröhre gemeinsam

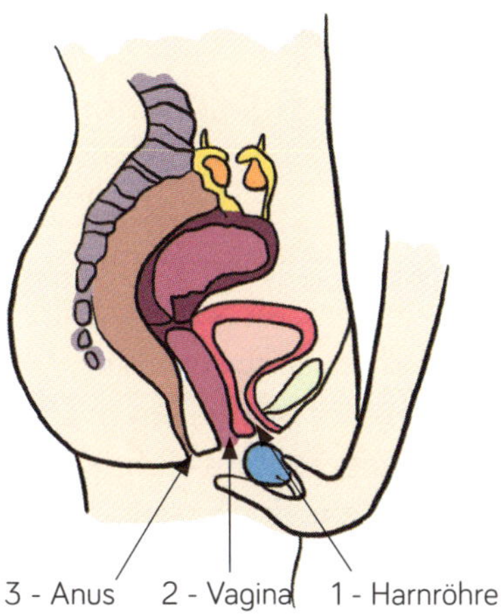

zusammenziehen, dann den Anus. Das andere Dreieck besteht aus Anus und Vagina, die gemeinsam zusammengezogen werden – und dann die Harnröhre. Beobachten Sie sich: Bei welchem Dreieck fällt Ihnen das Zusammenziehen leichter?

4. Visualisieren Sie Ihre Sitzhöcker. Sie können sie spüren, wenn Sie im Sitzen Ihre Hand unter den Po schieben. Ziehen Sie sie zusammen, als sollten sie sich berühren. Das ist anatomisch nicht möglich, aber es geht um die Empfindung. Fragen Sie sich: »Wenn ich das tun könnte, welche Muskeln müsste ich dafür zusammenziehen?« Schließen Sie die Augen und spüren Sie nach, was sich in Ihnen bewegt. Suchen Sie sich die beste Position dafür und stellen Sie sich anschließend vor, wie sich Becken und Steißbein berühren. Und jetzt kombinieren Sie beide Bewegungen, lassen Sie Ihre Muskeln arbeiten. Atmen Sie dabei ruhig weiter. Am Schluss versuchen Sie, alle Muskeln gemeinsam zusammenzuziehen. Zählen Sie mit, wie viele Sekunden das Zusammenziehen dauert, denn es ist wichtig, dass Sie die Muskeln doppelt so lange entspannen, wie Sie sie anspannen. Diese Regel gilt für alle Übungen mit dem Yoni-Ei.
5. Machen Sie einen Katzenbuckel, das heißt, gehen Sie in den Vierfüßlerstand und strecken Sie Ihren Rücken rund nach oben. In dieser Position entspannt sich das Becken. Beobachten Sie sich: Bewegt sich das Ei?
6. Setzen Sie sich auf die Fersen, strecken Sie die Arme nach oben, dehnen Sie den Rücken und Ihren ganzen Körper.
7. Ziehen Sie das Ei vorsichtig heraus und ruhen Sie sich einen Moment aus.

Für Fortgeschrittene

Diese letzte Übung ist etwas für Fortgeschrittene. Auch sie stammt von Mantak Chia.

Frauen, die schon einige Erfahrung mit dem Ei haben, können bei dieser Variante ein kleines Gewicht an das Ei hängen, um ihre Yoni noch intensiver zu trainieren. Diese Übung wird im Stehen gemacht. Wenn Sie längere Zeit, einige Wochen oder Monate, nach den Anweisungen in diesem Buch trainiert haben, können Sie die Übungen mit einem Gewicht noch effektiver machen. Aber diese Technik eignet sich nicht für alle. Hören Sie auf Ihren Körper und spüren Sie hin.

Wenn das Ei eingeführt ist, atmen Sie tief ein, ziehen Ihre Muskeln zusammen und lassen das Ei sich bewegen. Nehmen Sie dann das kleine Säckchen, in dem das Ei geliefert wurde, zur Hand. Legen Sie ein Schmuckstück oder ein paar kleine Steine hinein, um es zu beschweren. Hängen Sie das Säckchen an den Rückholfaden des Eis. Im Stehen, die Beine gegrätscht, lassen Sie das kleine Gewicht zwischen Ihren Schenkeln hängen, ziehen Sie wieder Ihre Muskeln zusammen und lassen das Ei sich bewegen. Diese Übung stärkt den Tonus Ihrer Yoni, sodass Sie das Gewicht allmählich noch etwas erhöhen können. Wenn es zu viel ist, wird das Ei aus Ihrer Yoni herausgleiten. Dann verringern Sie bitte das Gewicht und erhöhen es nur ganz allmählich.

Wie schon gesagt: Es geht nicht darum, dass Sie sich eine »Bodybuilder-Yoni« antrainieren. Aber sie soll ihre ganze Kraft entfalten, Ihnen Spaß machen und ihren Tonus wiedergewinnen. Achten Sie darauf, was Ihr Körper Ihnen sagt.

Für diese fortgeschrittene Praxis ist es sinnvoll, ein Ei aus Jade oder Aventurin zu benutzen, weil diese Steine besonders widerstandsfähig sind. Quarz ist dafür eher nicht geeignet.

Eine Übung für Männer

Männer können das Ei ebenfalls benutzen. Sie brauchen es aber aus anderen Gründen und mit anderen Wirkungen. Und die Öffnung ist natürlich nicht dieselbe.

Mantak Chia empfiehlt Männern ein kleines Ei. »Männer sollten ein kleines Jade-Ei benutzen und es unbedingt mit einem Rückholfaden versehen. Dann sollten sie ihren Anus befeuchten und das Ei vorsichtig einführen. Um es zu spüren, müssen sie die Muskeln zusammenziehen. Dann sollten sie das Ei hinauf- und hinunterwandern lassen. Den Faden halten sie fest.«

José Toirán fügt hinzu: »Es ist unbedingt wichtig, dass man hier einen Rückholfaden benutzt, denn im Gegensatz zu einer Vagina kann das Ei im Darm nach oben wandern und verschwinden. Zu Anfang sollten Männer das Ei an ihren Anus halten und damit spielen, bevor sie es einführen. Bei Männern befindet sich der G-Punkt im Anus. Mit dieser Übung wird nicht nur ihre Prostata massiert, sondern sie fühlt sich auch sehr gut an.«

Das Ei im Alltag tragen

Es gibt viele Möglichkeiten, das Ei in Ihren Alltag als superaktive moderne Frau zu integrieren, allein oder zusammen mit Ihrem Partner. Nehmen Sie sich jeden Tag Zeit für sich und tragen Sie das Ei heimlich – das ist stimulierend und aufregend. Und es lässt Sie in ganz banalen Alltagssituationen strahlen.

„Ich habe lange damit experimentiert, das Ei einfach im Kontakt mit meinem Geschlecht zu tragen. Nicht drinnen und nicht draußen, einfach im intimen Kontakt, ohne ungeduldig zu werden oder etwas zu erzwingen. Das hat mich in meiner Integrität als Frau viel sicherer gemacht."

Bénédicte

„Inzwischen sind mir die Muskeln in meiner Vagina viel bewusster, ebenso wie meine inneren Bewegungen. Mein G-Punkt ist sensibler geworden, meine Gebärmutter entspannter. Ich habe bei der Regelblutung und bei der Liebe keine Schmerzen mehr, und auch meine Rückenschmerzen sind weg."

Lucie

„Energie und eine unendliche Zärtlichkeit. Ich habe es zwei Tage lang nicht mehr losgelassen, sondern immer in der Hand gehalten. Am Anfang habe ich es nur zu Hause angewendet, dann habe ich angefangen, es auch beim Spazierengehen und bei der Arbeit zu tragen. Dabei führe ich es eigentlich selten ein. Aber es ist immer bei mir, und im Kontakt mit meiner Handinnenfläche, in meiner Hosentasche oder meiner Handtasche gibt es mir Ruhe und Sicherheit."

Sidonie

In welchem Rhythmus?

Wenn Sie sich gut mit dem Ei und den ersten Übungen vertraut gemacht haben, können Sie die Arbeit intensivieren. Es besteht keinerlei Risiko, wenn Sie das Ei nun länger tragen, Sie müssen nur einige Hygieneregeln beherzigen und gut auf Ihren Körper hören.

> „Ich benutze es mehrmals in der Woche, wie es mir gerade gefällt."
>
> *Evelyne*

> „Ich kann nur zweimal in der Woche üben. Ich benutze es nur, wenn ich nicht arbeiten muss, weil ich das Ei nicht tragen kann, wenn ich Stress habe. Das ist aber bei der Arbeit der Fall. Ich ziehe es vor, in Zeiten zu üben, wenn ich meinen eigenen natürlichen Rhythmus respektieren kann."
>
> *Mireille*

> „Ich verbinde mich mit mir selbst und spüre mich, wenn ich das Ei mit meinen Muskeln umschließe. Ich benutze es vielleicht fünfmal pro Monat, nicht öfter."
>
> *Alice*

> „Ich benutze es nicht regelmäßig. Wenn ich bereit dafür bin, spüre ich das. Und dann suche ich mir den richtigen Stein aus, mache ein paar Übungen im Liegen und trage das Ei danach etwa eine Stunde."
>
> *Chloé*

Achten Sie beim Üben auf sich

Um das Ei anzuwenden, müssen Sie sich wirklich bereit fühlen. Herz und Yoni sollten im Einklang sein. Bei der Praxis des Yoni-Eis müssen Sie immer genau auf Ihre Empfindungen achten. Sobald sich etwas unangenehm anfühlt, stört oder schmerzt, sollten Sie aufhören. Dasselbe gilt bei Entzündungen und Ausfluss. Letzterer kann auf eine Pilzinfektion hinweisen, die durch eine Veränderung der Scheidenflora hervorgerufen wurde. Zwingen Sie sich nie zum Einführen des Eis oder dazu, es länger zu tragen. Das widerspricht dem Sinn der Praxis. Achten Sie einfach immer auf sich selbst und lassen Sie sich Zeit.

Wann und wo?

Zu Hause

Tagsüber

Wir alle haben im Haushalt tausend Dinge zu tun: Waschen, Kochen, Spülen und wieder von vorn. Nutzen Sie diese Gelegenheiten, um Ihr Yoni-Ei zu tragen. Wenn Sie Angst haben, es dabei zu verlieren, legen Sie sich zu Hause Musik auf, tanzen Sie und tragen das Ei dabei. Das macht Sie sicherer und ist sehr wirksam. Wenn Sie sich trauen, ziehen Sie sich aus und laufen nackt mit dem Ei herum, in der Stille oder mit ein bisschen Musik. Wenn Ihr Mann früher als erwartet nach Hause kommt, wird er sehen, wie sehr Sie sich verändert haben. Darüber wird er sich kaum beklagen …

> “Zu Hause habe ich Zeit und bin entspannt. Ich trage das Ei ein paar Stunden, manchmal gehe ich auch damit spazieren, und ich habe auch schon Yoga damit gemacht.”
>
> *Diane*

> “Intuitiv hat mich die Idee angesprochen, das Ei im Alltag zu tragen, mich von ihm begleiten zu lassen. Ich kann nur zweimal pro Woche üben, wenn ich nicht arbeite, am Wochenende und am Mittwoch. Ich ziehe es vor, in Zeiten zu üben, wenn ich meinen eigenen natürlichen Rhythmus respektieren kann.”
>
> *Sophie*

Nachts

Wenn Sie schon geübt sind und es Ihnen nichts ausmacht, können Sie das Ei die ganze Nacht tragen – wie es Ihnen guttut. In dieser Ruhephase, im Schlaf, können Sie eine gute Verbindung zu Ihrer Yoni herstellen. Lassen Sie sich von diesem besonderen Kontakt wiegen und schlafen Sie gut. Allerdings sollten Sie das Ei nicht mehrere Nächte (oder Tage) hintereinander tragen. Hören Sie auf Ihren Körper und die Botschaften, die Ihre Yoni Ihnen schickt.

Corinne Léger schreibt dazu: »Es gibt kein Risiko, wenn Sie mit dem Yoni-Ei schlafen gehen. Gut dafür geeignet ist Rosenquarz, weil er sehr beruhigend wirkt und einen tiefen Schlaf sowie gute Erholung bringt.«

> “Im Moment benutze ich das Ei nur nachts, weil ich es tagsüber zu leicht verliere. Ich führe es abends ein, wenn ich mich schlafen lege.”
>
> *Cécile*

Beim Baden

Ein Bad ist eine großartige Möglichkeit, sich zu entspannen und sich mit der eigenen Weiblichkeit zu verbinden. Es ist auch eine gute Zeit, um das Ei zu tragen und damit zu üben.

Mein Tipp

Ich zünde gerne Kerzen an, lege entspannende Musik auf und gebe ein paar Tropfen ätherisches Öl und drei oder vier Löffel grobes Meersalz ins Badewasser, wenn ich mich entspannen will. So lasse ich die Anstrengungen des Lebens hinter mir und finde mich wieder. Ich genieße es außerdem, die Yoni-Eier mit ins Bad zu nehmen und ein kleines Ei einzuführen, um damit zu üben.

Die Tao-Lehrerin Minke de Vos hat viele Rituale entwickelt, die man im Wasser durchführen kann, und sie unterrichtet sie auch. Eines davon finde ich besonders schön: Die »Ekstase im Badezimmer«:

»Geben Sie ätherische Öle in die Badewanne, vorzugsweise solche mit Blütenduft. Lassen Sie sich vom Wasser tragen, lassen Sie Ihre Haare schwimmen und treiben. Ziehen Sie an dem Rückholfaden, wie man ein Boot aus dem Wasser zieht, sodass sich Ihr Rücken wie der einer Schlange bewegt. So kann die Kundalini-Energie aufsteigen. Entspannen Sie Ihren Hals und Nacken, den Kopf, lassen Sie alle Spannungen los. In einem solchen entspannten Zustand kann die natürliche Energie sehr schön durch den Körper fließen. Das wird Ihnen sehr gefallen! Es ist eine wunderbare Übung. Sie können Ihren Partner dazu einladen. Lassen Sie alles los, wenn er vorsichtig an dem Rückholfaden Ihres Eis zieht. Ihre Yoni wird sich ganz natürlich darauf einlassen. Ich nenne das ›travel love‹. Der Begriff erinnert an das englische Tauziehen. Wenn Sie sich auf diese Weise leiten lassen, können Sie sich wunderbar entspannen. Denken Sie an nichts anderes, nur an Ihre Empfindungen.«

Am Abend nach einem langen Arbeitstag

Das Ende des Tages ist gut geeignet, um das Ei zu tragen. Wenn Sie bei Ihrer Heimkehr müde und angespannt sind, ist das Ei ein gutes Mittel, um den Tag abzuschließen, die äußeren Aufregungen abzulegen und zu sich selbst zurückzukehren.

> “Ich habe bemerkt, dass ich mir oft den ganzen Abend Sorgen mache. Deshalb habe ich mir angewöhnt, meine Abende ruhig zu verbringen und das Ei vor 19 Uhr einzuführen. So komme ich besser mit meiner Müdigkeit am Ende des Tages zurecht.”
>
> *Émeline*

Im Schlafzimmer

Männer sind sehr neugierig und wollen mehr über das Yoni-Ei erfahren. Wenn Sie in einer Paarbeziehung leben, können Sie Ihrem Mann von Ihrer Praxis erzählen. Sie können sie aber auch geheim halten, es liegt ganz bei Ihnen. Aber vielleicht verbindet die Praxis Sie beide noch mehr. Manche Frauen benutzen das Ei auch während des Geschlechtsverkehrs.

Rosenquarz ist dafür besonders gut geeignet. Mit seiner Zartheit und Empfindsamkeit kann er ein guter Begleiter sein. Wenn Ihr Partner offen und neugierig ist, probieren Sie das Yoni-Ei zusammen aus, um neue Empfindungen und unbekannte Freuden zu erforschen.

Aber all das geht natürlich auch allein.

> Ich benutze das Ei, wenn ich allein bin. Ich gehe in mein Zimmer, streichle mich, lächle ... es ist wunderbar! Ich benutze es aber auch tagsüber, um meinen Beckenboden zu stärken und mir Energie zu holen.
>
> *Rachel*

Bei der Arbeit

»Sie können das Ei bei der Arbeit tragen, dann arbeitet das Ei den ganzen Tag für Sie«, hat José Toirán in einem Live-Interview zu mir gesagt, das ich im September 2015 in einem Pariser Theater führte. Und er fügte ein wenig boshaft hinzu: »Aber denken Sie daran, einen Slip zu tragen! Alles geht gut, bis Sie irgendwann laut lachen müssen und Ihre Gebärmutter das Ei ausstößt. Das ist einer meiner Schülerinnen mitten in der Kaffeepause passiert. Aber sie hat sehr intelligent reagiert und so getan, als hätte ihre Rocktasche ein Loch. Und dann hat sie das Ei einfach wieder eingesteckt.« Das Publikum hat über diese Geschichte sehr gelacht.

Es ist ganz einfach, das Yoni-Ei während der Arbeit zu tragen. Führen Sie es einfach im Rahmen Ihrer Morgentoilette ein, nach dem Duschen. Und dann geht es los. Während des Tages, wann immer Sie daran denken, ziehen Sie Ihre Vagina zusammen und entspannen Sie sie wieder. Bei Besprechungen oder vor dem Computer können Sie dem Ei kurz einen Gruß schicken. Und selbst wenn Sie nicht daran denken, wird es in Ihnen arbeiten. Sie können es einige Stunden lang tragen, und Ihre Yoni hat gut damit zu tun, es im Inneren zu behalten.

Shashi erklärt, welchen Nutzen Sie davon haben: »Wenn wir den ganzen Tag vor dem Computer sitzen, kann es vorteilhaft sein, die Yoni immer wieder zusammenzuziehen. Das schenkt uns Energie und programmiert den ganzen Körper neu. Und so geht es den ganzen Tag. Die Energie steigt.

Und da sie ausgerechnet mitten in unserem Geschlecht steigt, bringen wir den ganzen Körper in einen geradezu ekstatischen Zustand.« Sie fügt hinzu: »Wenn man die Energie wie eine Welle im Körper ansteigen lässt, wird man dynamischer und entspannt sich zugleich. Mit etwas Erfahrung kann man sie im ganzen Körper spüren wie eine Fontäne.«

> “Ich bin befördert worden, und wenn ich wichtige Besprechungen habe, bei denen ich mich durchsetzen muss, trage ich das Ei. Dann bin ich ruhiger, konzentrierter und klarer im Kopf.”
>
> *Ève*

> “An meinem Arbeitsplatz gab es einen Mann, der viel Zeit damit verbrachte, mich zu beobachten, zu beurteilen und im Stillen zu beneiden. Wenn ich mein Ei trage, fühle ich mich weiblicher, und die Angst vor diesem Mann ist verschwunden.”
>
> *Solange*

Mein Tipp

Wenn Ihr Chef oder Ihre Chefin oder ein Kunde besonders schwierig ist, denken Sie an das Ei in Ihrer Yoni. Ziehen Sie Ihre Vagina zusammen und entspannen Sie sich. Das kann Ihnen helfen, sich die Situation nicht so sehr zu Herzen zu nehmen, sondern freundlich und wohlwollend zu bleiben. Lassen Sie sich innerlich unterstützen und begleiten.

Nutzen Sie auch die Mittagspause, um das Yoni-Ei zu tragen und beim Essen ein paar kleine Kontraktionsübungen zu machen. Wenn Sie in dieser Zeit Sport treiben (Yoga, Fitness) oder auch nur einen Spaziergang machen, denken Sie daran, das Ei und etwas Reinigungsmittel in Ihre Tasche zu packen. Vielleicht entschließen Sie sich dazu, es zu tragen und ein paar Übungen zu machen, um Ihre Präsenz bei der Arbeit zu steigern.

Bei einer Verabredung

Wenn Sie verliebt sind und selbstbewusster auftreten wollen, empfehle ich Ihnen sehr, das Ei zu tragen. Sie sind ja die Einzige, die davon weiß. Und dieser Vorsprung macht Sie noch unwiderstehlicher. So bewahren Sie Ihre Energie und sind während des Treffens besonders präsent. Wenn Sie sich nicht zum ersten Mal treffen, achten Sie auf Veränderungen bei sich selbst und bei Ihrem Herzensmenschen – auch wenn Sie sich schon lange kennen. Sie werden übrigens auch im Alltag Veränderungen im Verhalten der Menschen Ihnen gegenüber feststellen.

Vorsichtsmaßnahmen in der Öffentlichkeit

Wenn Sie Ihr Ei gerne in der Öffentlichkeit tragen, denken Sie daran, dass es durchaus Gelegenheiten gibt, bei denen Sie es lieber nicht tragen sollten.

Passen Sie in den folgenden Fällen besonders auf:

- Wenn Sie ins Theater oder in einen Club gehen.
- Wenn Sie keinen Slip tragen.
- Wenn Sie erkältet sind.
- Wenn Sie Sport oder Yoga betreiben.
- Wenn Sie zur Toilette gehen.

Denken Sie an Ihre Anatomie: Wenn Sie husten, lachen oder niesen, könnte das Ei herausfallen, weil sich der Tonus und der Energiefluss in diesem Moment verändern.

Yoni-Eier sind zerbrechlich und wertvoll. Wenn Ihres in der Öffentlichkeit auf den Boden fällt, hier einige Tipps, wie Sie sich elegant aus der Affäre ziehen können:

- Heben Sie es diskret auf, wahrscheinlich hat niemand etwas gemerkt.
- Tun Sie so, als hätten Sie ein Loch in der Tasche und etwas fallen lassen.
- Tun Sie überrascht, sagen Sie »Hoppla« und stecken Sie es ganz einfach in die Tasche.

Wecken und befreien Sie Ihre heilige Weiblichkeit

Lernen Sie die Kraft kennen

Für eine noch bessere Beziehung zu Ihrem Ei

Erwarten Sie nicht zu viel in zu kurzer Zeit von Ihrem Ei. Die meisten Frauen brauchen Zeit, um eine Beziehung zu dem Ei zu entwickeln, und noch mehr Zeit, bis es ihnen gibt, was sie von ihm erwarten. Vermeiden Sie also übersteigerte Erwartungen. Denken Sie nicht, dass das Ei all Ihre Probleme lösen wird. Es wird eher Licht auf die Innere Arbeit werfen, die Sie zu tun haben. So wird es Frauen, bei denen das nötig ist, beispielsweise den Rat geben, ein Programm zur persönlichen Erfüllung oder eine Fortbildung anzugehen, es wird sie zum Gynäkologen schicken, weil sie Schmerzen haben oder eine Behandlung brauchen. Das Ei enthüllt, was notwendig ist auf allen Ebenen. Hören Sie auf das, was es Ihnen sagt!

Es ist so wie im Leben. Wenn wir ein schönes Abenteuer erwarten, wenn wir spüren, wie es näher kommt, und bereit sind, es willkommen zu heißen, dann ziehen wir glückliche Ereignisse an. Aber wenn wir zu viel erwarten, können wir die Überraschungen des Lebens gar nicht richtig genießen. Notieren Sie in Ihrem Tagebuch alles, was Sie erleben, Übung für Übung. In Bezug auf Ihren Körper, Ihre Yoni, Ihre Bedürfnisse, den Stein und so weiter.

> „Gehen Sie in Ihrem eigenen Rhythmus voran. Es geht darum, neugierig zu sein und nichts zu erwarten. Es warten Überraschungen auf Sie!"
>
> *Alix*

Hören Sie auf Ihre Intuition

Hören Sie auf Ihre Intuition, wenn sie Sie führt – ob es die Größe des Eis angeht, den Stein, die Art, wie Sie das Ei tragen, oder den Moment am Tag, wenn Sie üben. Das Ei ist ein wertvolles Werkzeug, das Ihnen hilft, auf Ihren Körper und Ihre innere Weisheit zu hören und mit sich selbst ins Reine zu kommen.

Frauen, die Kinder geboren haben, sollten mit einem großen Ei trainieren, aber jede Frau kennt ihren Körper am besten oder wird ihn kennenlernen. Ihre Intuition erlaubt es Ihnen, über das Offensichtliche hinauszugehen, vielleicht auch über die Logik hinaus.

Lernen Sie, auf die leise innere Stimme zu hören, die Sie führt. Diese innere Weisheit wird sich auch im Außen immer stärker manifestieren.

Werden Sie kreativ

Wenn Sie Befürchtungen haben, nehmen Sie sich Zeit. Zwingen Sie das Ei niemals in Ihren Körper. Machen Sie Momente der Freude aus Ihrer Zeit des Übens, lassen Sie Ihrer Kreativität und Ihren Wünschen freien Lauf.

Wir sind nicht immer dazu bereit, das Ei in unsere Yoni einzuführen. An manchen Tagen sagt die Yoni ganz einfach Nein. Das Ei ist ein starkes Symbol, tragen Sie es dann einfach in Ihrer Hand, in der Tasche oder wenden Sie es äußerlich an. Das Yoni-Ei ist poliert, es kann auf viele verschiedene Weisen angewendet werden. Bei einigen Steinen – beispielsweise bei Labradorit, Lapislazuli oder Obsidian – rate ich sogar grundsätzlich zu einer äußerlichen Anwendung. Diese Eier geben Ihnen Selbstvertrauen und innere Sicherheit, wenn Sie sie in der Hand halten, und ermöglichen Ihnen, aus Ihrem Herzen zu sprechen.

Jede Frau hat ihre eigene Yoni, und so hat auch jede Frau ihre eigene Praxis mit dem Yoni-Ei. Lassen Sie Ihrer Kreativität freien Lauf. Sie können Ihre Erfahrungen in einer privaten Facebook-Gruppe (Les Oeufs de Lilou) teilen, mit anderen Frauen oder mit Ihren Freundinnen.

Führen Sie Tagebuch

Ein Tagebuch, wie ich es Ihnen hier vorschlage, wird Ihnen helfen, in Ihrer Praxis fortzuschreiten. Sie können darin Tag für Tag notieren, was geht und was nicht geht und was Sie über sich selbst lernen – und gewinnen so Selbstvertrauen und neues Wissen.

Schreiben Sie Stunde, Tag, Ort und Dauer Ihrer Praxis auf, dazu die Art des Steins, die Größe des Eis, Ihre Empfindungen, Beobachtungen und Feststellungen. Achten Sie auf die Signale Ihres Körpers, auf die Informationen, die er Ihnen gibt, auf das Gefühl der Befreiung, das Sie in sich spüren.

Wenn Sie mit verschiedenen Steinen, Größen, Gewichten und Praktiken üben, werden neue Empfindungen auftreten. Ihre Sensibilität wächst mit der Zeit, und das Tagebuch wird zu einem großen Schatz voller Informationen.

Den persönlichen Rhythmus finden

Jede Frau übt anders, weil unsere Körper verschieden sind, unsere Gesundheit, unser Alter, unser Stresslevel und unser Alltag. Es gibt keinen vorgegebenen Rhythmus. Regelmäßigkeit und Häufigkeit sind wichtig, aber ebenso wichtig ist es, sich Phasen der Entspannung und Erholung zu gönnen. Oft heißt es, es sei viel wichtiger, sich zu entspannen, als Dinge zu schnell zu erzwingen. Wenn Sie Ihre Yoni zu viel zusammenziehen, wird Ihnen das eher schaden. Also: Hören Sie auf Ihren Körper und finden Sie Ihren eigenen Rhythmus.

Beginnen Sie mit einem Ritual, um Ihrer Yoni das Ei vorzustellen. Und ein paar Tage später verabreden Sie sich wieder mit sich selbst, um es einzuführen. Vielleicht wollen Sie es dann einfach nur eine halbe Stunde bei sich zu Hause tragen und die Empfindungen kennenlernen, die es hervorruft. Es gibt kein festes Programm, jede Frau muss ihren eigenen Rhythmus finden.

Das Ei ist ein Werkzeug

Die Arbeit mit dem Ei ist nur eine Etappe auf einem längeren Weg. Das Ei ist ein Werkzeug unter vielen im Leben einer Frau. Es öffnet Tore des Wissens und der Neugier, hinter denen neue Freuden und Genüsse warten. Aber es ist nicht der Endpunkt Ihrer Praxis und schon gar nicht eine Antwort auf alle Ihre Sorgen. Verwechseln Sie das Ei nicht mit einem Zauberstab!

Benutzen Sie es regelmäßig

Ohne regelmäßigen Kontakt und regelmäßige Übungen (innerlich und äußerlich) kann das Ei seine positive Wirkung nicht entfalten. Probleme mit Inkontinenz werden nicht geringer, wenn Sie sich ein Ei kaufen und es ab und zu anschauen.

> „Ich habe mir das Yoni-Ei im Februar 2017 gekauft … Seitdem liegt es auf meiner Kommode. Ich habe es noch nicht einmal benutzt, aber es ist immer da."
>
> *Geneviève*

Frauen, die keine Wirkung verspüren, haben das Ei oft noch gar nicht oder sehr selten benutzt, höchstens einmal pro Monat. Eine Absenkung der Beckenorgane oder andere schwerwiegende gesundheitliche Probleme, die einer Behandlung bedürfen, können der Grund dafür sein. Dann sollte das Ei nach der Behandlung benutzt werden, um die Genesung zu fördern.

Je nach Situation, Körper und persönlicher Vorgeschichte wird jede Frau ihren Rhythmus finden, sich für eine bestimmte Anwendung entscheiden, ihre Kreativität einsetzen, ihre Intuition und ihre Achtsamkeit. Jede Frau ist einzigartig, und das gilt auch für unsere Yoni!

Das Ei programmieren

Die Kraft der Intention

Seit langer Zeit ist die Kraft der Intention, der willentlichen Absicht, bekannt und wird genutzt. Vor etwa zwanzig Jahren – nach meinem ersten Kurs zur persönlichen Weiterentwicklung – habe ich angefangen, mich dafür zu interessieren und diese innere Kraft zu nutzen, die wir alle besitzen und die ich in mir spüre. Ich wollte von den Besten lernen und ihnen Fragen stellen. Daraus sind Interviews entstanden, die man gratis auf YouTube sehen kann. Interviews mit Wayne Dyer, Jack Canfield, Tony Robbins, Don Miguel Ruiz, Caroline Myss, Paulo Coelho,

Bruce Lipton, Gregg Braden, Louise Hay, Dan Millman, James Redfield, Sonia Choquette, Joe Dispenza und Hunderten weiteren Autoren aus der ganzen Welt. Sie haben mir klargemacht, dass mein äußeres Leben ein Spiegel meiner Gedanken und inneren Gefühle ist. Daraufhin habe ich angefangen, mein Leben Tag für Tag zu verändern und meine innere Weisheit zu finden und auf sie zu hören.

Die Vorstellung, dass wir jeden Tag unser Leben neu erschaffen können, statt einfach so dahinzuleben, hat mich inspiriert und beflügelt, sodass mir ungeahnte Dinge passiert sind. Seitdem ist mein Leben fühlbar anders geworden, weil ich aktiver daran teilnehme. Ich liebe den Gedanken, dass ich an der Erschaffung meines eigenen Lebens teilnehmen kann und dass ich nicht auf äußere Einflüsse warten muss, damit sich etwas ändert.

Wenn ich denke, dass das Leben ungerecht ist, ziehe ich ungerechte Situationen an, die mir beweisen, dass ich mit meiner Annahme recht habe. Wenn ich mir einen neuen Partner wünsche, muss ich anfangen, mich darauf zu freuen, dass ich ihn bald treffen werde. Die Situationen und Herausforderungen, die mir auf meinem Weg begegnen, lassen mich wachsen und geben mir Gelegenheit, nach meinen Intentionen zu leben, Klarheit zu gewinnen oder zu verstehen, dass mein Glück hier und jetzt existiert, wie auch immer die äußeren Umstände aussehen mögen.

Ich nehme Schritt für Schritt meinen eigenen Platz ein, und ich führe das Leben, das zu mir passt, zu meiner Kreativität, meiner Energie, meiner Begeisterung, meinen Fähigkeiten und Gaben. Sie alle dienen dem großen Ganzen.

Eine Intention für mein Ei – Gebrauchsanweisung

Das Yoni-Ei ist empfänglich für Intentionen und sensibel für Schwingungen. Sie können es regelrecht umprogrammieren und neu programmieren, wie es Ihnen gefällt. Am besten probieren Sie es selbst.

Energetische Reinigung

Der erste Schritt des Rituals besteht darin, das Ei vor der Programmierung energetisch zu reinigen. Lesen Sie ruhig noch einmal das Kapitel »Das Yoni-Ei vorbereiten« zu diesem Thema. Sie können das Ei zum Beispiel zwei oder drei Stunden im Sonnenlicht liegen lassen oder mit Salbei räuchern.

Die Intention definieren

Während Ihr Ei gereinigt wird, notieren Sie Ihre Intentionen in Ihrem Tagebuch oder auf einem Blatt Papier. Beispielsweise so: »Ich wünsche mir, meinen Platz einzunehmen.« – »Ich möchte mehr Selbstvertrauen haben.« – »Ich will meine sexuelle Energie freisetzen.« – »Ich möchte mich mit meiner heiligen Weiblichkeit verbinden.« Und so weiter. Wenn die Liste fertig ist, wählen Sie die Intention, die Ihnen am wichtigsten ist.

Vielleicht kommt es Ihnen seltsam vor, Ihre Intention zu formulieren. Aber tun Sie das und tun Sie es mit klaren Worten und in Form einer Affirmation. »Ich bin frei in meinen Entscheidungen. Ich vertrete sie mit Liebe und in aller Gelassenheit. Ich fühle mich gut und voller Energie.«

Das Ei mit der Intention erfüllen

In einer ruhigen, angenehmen Umgebung nehmen Sie Ihr Ei in die Hand. Dann legen Sie Ihre zweite Hand darüber. Verbinden Sie sich mit Ihrem Ei und Ihrem Herzen. Spüren Sie, wie der Stein mit Ihrem Herzen in Einklang kommt. Denken Sie an Ihre Intention. Wenn nötig, legen Sie sich das Tagebuch oder das Blatt, auf dem sie steht, bereit. Wiederholen Sie in Gedanken diese Intention in Form einer Affirmation mehrere Male. Spüren Sie die Freude und das Gefühl, in der Gegenwart zu leben. Nehmen Sie Verbindung zu Ihrem Herzen auf, um die Intention noch zu verstärken. Danken Sie, atmen Sie – und lächeln Sie. Visualisieren und spüren Sie, wie Ihre Intention in das Ei eindringt.

Auf Zeichen und Synchronizitäten achten

Wenn Sie Ihre Intention formuliert und Ihr Yoni-Ei programmiert haben, setzen Sie es ein und achten Sie auf Zeichen. Halten Sie sich bereit, zu beobachten und hinzuhören und dann nach Ihrer Intuition zu handeln. Ihr sechster Sinn ist in Ihrer Natur angelegt. Er verlangt nur, dass Sie auf ihn hören. Aber vergessen Sie nicht, selbst aktiv zu werden und Dinge auszuprobieren. Unsere Intuition stellt uns oft Informationen zur Verfügung, warnt uns vor Gefahren, zeigt uns Gelegenheiten in Form von Bildern oder Impulsen, deren Richtung uns manchmal unlogisch erscheint.

Synchronizitäten werden sich ebenfalls häufiger einstellen. Sie zeigen uns Gelegenheiten zur Veränderung und Verwandlung. Sie sind ganz einfach magische Zusammentreffen mit dem Leben: So sind wir beispielsweise zur rechten Zeit am rechten Ort, oder wir erleben eine Situation, zu der uns unser Verstand nicht hingeführt hätte. Wir kommen in Kontakt mit einer Information, einem Objekt, einer Person, einem Ereignis, an das wir selbst nie gedacht hätten und das wir nicht vorhersehen konnten. Manchmal entstehen daraus neue Wege oder bewusste Entscheidungen. Und vor allem Veränderungen.

Wenn Sie Ihr Ei einige Stunden am Tag tragen und dabei negative Gedanken haben, erinnern Sie sich an das Ei, nehmen Sie Kontakt zu Ihrer Yoni auf und ziehen Sie sie ein paar Mal zusammen und entspannen sich wieder. Dann steht die Verbindung zu Ihrer Intention wieder.

Kommunikation mit der Yoni

▸ Was würde unsere Yoni sagen, wenn sie sprechen könnte?

Viele von uns stehen nicht wirklich in Kontakt zu ihrer Yoni. Man sieht das schon an der Art, wie wir uns verhalten, um einem Mann zu gefallen, um Liebe und Verlangen zu wecken. Wenn wir von unserer Yoni abgeschnitten sind, fehlt uns auch der Kontakt zu unserer rätselhaften und schöpferischen Kraft.

Unsere Yoni hat uns viel zu sagen und kann uns sehr klare Zeichen senden. Doch hören wir erst hin, wenn sie sich mit einer Infektion oder Entzündung meldet, mit Brennen, Schmerz, Unfruchtbarkeit oder einem Mangel an Libido? Unsere Yoni spiegelt ständig unseren geistigen und seelischen Zustand. Sie belügt uns nicht. Und deshalb ist sie eine wertvolle Verbündete.

Sie weiß, was gut für sie und uns ist

Wenn wir die Stimme unserer Yoni entdecken, hören wir von ihr, was über bloße lesbare oder hörbare Ratschläge hinausgeht. Sie weiß, was gut für sie ist. Wenn wir mit ihr kommunizieren, finden wir mehr Liebe und Respekt, als wenn wir ihr etwas aufzwingen. Unsere Partnerwahl, unsere sexuellen Praktiken und unsere Kleidung haben einen großen Anteil an dem Gefühl, das bei uns im Alltag vorherrscht.

Geben Sie ihr einen Namen

Wenn Sie noch nie mit Ihrem Körper kommuniziert haben, schon gar nicht mit Ihrer Yoni, wird Ihnen die nächste Übung vermutlich ein wenig unangenehm sein. Aber versuchen Sie sie trotzdem! Sie kommen dadurch nicht nur besser in Kontakt mit Ihrer Yoni, sondern können auch subtiler mit ihr kommunizieren.

Legen oder setzen Sie sich allein an einen ruhigen Ort. Atmen Sie ein paar Mal langsam ein und aus und legen Sie dann eine Hand auf Ihre Yoni, die andere auf Ihr Herz. Atmen Sie ruhig weiter und schicken Sie Ihre Aufmerksamkeit in diesen Teil Ihres Körpers. Wenn Ihr Herzschlag sich beruhigt und Sie sich mit Ihrer Yoni verbunden fühlen, fragen Sie sie, welcher Name ihr gefallen würde. Heilige Blume, Orgasmushöhle, blauer Lotus, Feder … Spüren Sie der Antwort nach und finden Sie den richtigen Namen. Wiederholen Sie ihn ein paar Mal leise und laut, grüßen Sie sie damit und danken Sie ihr.

Geben Sie ihr das Wort

Mit einer Hand auf dem Herzen und einer auf der Yoni signalisieren Sie ihr, dass Sie bereit sind, Ihre Weisheit anzunehmen. Laden Sie sie ein, zu sprechen und mit Ihnen zu kommunizieren. Um es Ihnen leichter zu machen, schreiben Sie die Antworten in Ihr Tagebuch oder auf ein Blatt Papier: »Ich, N.N. (hier steht der Name Ihrer Yoni), würde dir gerne sagen, dass …« (ergänzen Sie den Satz mit dem Gedanken, den sie Ihnen schickt). Zum Beispiel: »Ich fühle mich ignoriert und an den

Rand gedrängt. Ich habe bemerkt, dass … Ich würde gern … Es wäre gut, wenn …«

Wenn Sie ein Ungleichgewicht spüren, fragen Sie sie: »Was kann ich tun, damit du ins Gleichgewicht kommst?« Wenn Sie sich ein Kind wünschen, aber Schwierigkeiten haben, schwanger zu werden, fragen Sie sie: »Ich würde gerne Mutter werden. Hast du einen Rat für mich?« Oder wenn Sie einem Mann begegnet sind: »Was hältst du von ihm?« Wenn Sie Single sind, aber sich ein feste Bindung wünschen, bitten Sie sie, Ihnen die große Liebe zu schicken. Es geht einfach darum, auf eine schlichte Weise zu kommunizieren, Vertrauen, Intimität und Verbindung herzustellen.

Fragen Sie sie, hören Sie zu und handeln Sie. Beziehen Sie diese Übung auf Ihre eigene Lebenssituation, üben Sie wenn möglich mindestens eine Viertelstunde lang. Nehmen Sie sich Zeit, alles in Ihrem Tagebuch aufzuschreiben. Sie können diese Übung vor und/oder nach der Praxis mit dem Yoni-Ei machen. Ihre Gespräche werden bald ganz natürlich klingen und sehr intim sein, wie mit einer alten Freundin, die Sie lange nicht gesehen haben.

▸ Bedanken Sie sich

Beenden Sie die Übung mit einem Dank. Sagen Sie Ihrer Yoni mit sanften Worten diesen Dank und handeln Sie nach dem, was sie Ihnen gesagt hat. Es wird in Ihnen Widerhall finden. Nehmen Sie sich Zeit, regelmäßig mit ihr zu sprechen. Vielleicht gibt sie Ihnen wirklich einen Rat, was bestimmte Männer oder Frauen in Ihrem Leben angeht. Oder in Bezug auf Ihre sexuellen Begegnungen, Ihre Kleidung, Ihre Lieblingsmusik und so weiter.

Mit Ritualen die heilige Weiblichkeit leben

Die heilige Weiblichkeit inkarnieren

Viele Frauen sind zu Unrecht angeklagt, verurteilt, kritisiert worden, weil ihre Ideen, ihre Kraft und das, was sie repräsentierten, andere gestört hat.

Das Ziel heiliger Weiblichkeit ist es, das weibliche Prinzip (und nicht nur die Frau!) wertzuschätzen und zu ehren. Damit soll das männliche Prinzip nicht abgewertet oder gar abgelehnt werden. Es geht darum, beide Aspekte in jedem von uns willkommen zu heißen, bei Männern und Frauen gleichermaßen. Es geht um Einheit. Um eine Vereinigung des weiblichen und des männlichen Prinzips, eine Vereinigung von Yin und Yang.

Das weibliche Prinzip drückt sich in Männern und Frauen unterschiedlich aus. Es weist das Männliche nicht zurück, sondern lebt Seite an Seite mit ihm. Eins ist nicht besser als das andere. Beide vereinen sich zu einem Tanz, finden zum Gleichgewicht eines Lebens zwischen sichtbarer und unsichtbarer Welt, innen und außen, materiell und spirituell, in Respekt vor der nährenden Erde, auf der wir uns aufhalten und von der wir leben.

Die heilige Weiblichkeit in den Alltag aufnehmen

Der Zugang zur heiligen Weiblichkeit öffnet sich, wenn wir unseren Gefühlen Ausdruck verleihen. Sie werden in unserer Gesellschaft allzu oft abgewertet und dürfen nicht offen gezeigt werden. Häufig haben wir Angst davor. Akzeptieren Sie Ihre Gefühle, wie sie sind, ohne sie zu beurteilen oder den Versuch zu unternehmen, sie zu verstehen. Seien Sie freundlich zu dem, was Ihnen begegnet. Schenken Sie sich Liebe und Mitgefühl, wie es eine Mutter ihrem Kind gegenüber tun würde.

Nehmen Sie Ihre Gefühle als Quelle der Weisheit und wichtiger Informationen. Unsere Sensibilität ist ein ungeheuer wichtiger Zugang zu vielen außersinnlichen Wahrnehmungen und hilft uns, mit einer Weisheit Kontakt aufzunehmen, die tief und stark vernetzt ist. Indem wir all das in Ehren halten, bei uns selbst und bei anderen, finden wir viele Informationen, die uns leiten und manche Situationen verwandeln können.

Auf die Intuition hören und danach handeln

Unsere Intuition, auch sechster Sinn genannt, vermittelt uns ein Wissen, von dem wir nicht genau wissen, woher es kommt. Der Intuition haben wir es zu verdanken, wenn wir beispielsweise das Gefühl haben, einen Menschen zu kennen, ohne etwas über ihn zu wissen.

Um auf ihre Intuition zu hören, müssen Frauen lernen, sich selbst zu vertrauen und im Einklang mit ihrer inneren Stimme zu handeln. Denn diese schlichte, klare Stimme leitet jeden unserer Schritte. Ohne es erklären zu können, machen wir uns auf den Weg ins Unbekannte und erleben ungeahnte Situationen. Das ist aufregend und belebend.

Ja, die Intuition schenkt uns wiederum Selbstvertrauen und nimmt uns mit auf eine Reise in »Liebesgeschwindigkeit« – wie es Sonia Choquette gesagt hat, internationale Expertin für das Thema Intuition, mit der ich gemeinsam *Le Défi des 100 jours* entwickelt habe. Und da pfeift Ihnen der Wind um die Ohren, das kann ich Ihnen sagen. Das Signal wird im Laufe der Zeit stärker, wie ein Muskel, der sich durch ein Training aufbaut. Wenn Sie genau hinhören, wird die Information Sie sehr schnell erreichen. Spielen Sie mit und fragen Sie sich ein paar Mal am Tag: »Was wird mir meine heilige Weiblichkeit heute wohl als eine neue Eigenschaft von mir zeigen?«

Indem Sie auf Ihr Herz hören, gelangen Sie zu einem einzigartigen Leben, das Ihnen Sinn schenkt und in dem sich die heilige Weiblichkeit offenbart. Sie erlaubt Ihnen, Situationen zu erleben, in denen Ihre Seele ganz und gar frei ist. Und wenn die Seele handelt … dann können magische Dinge geschehen. Je mehr Sie hinhören und handeln, desto besser kann sie Sie führen. Diesen Muskel trainieren Sie gleichzeitig mit Ihrer Yoni.

Auf die Weisheit des Körpers hören

Ihr Körper vermittelt Ihnen jede Menge präzise Informationen über eine Situation, einen Ort, eine Person oder ein Ereignis. Sie müssen unbedingt auf ihn hören, wenn Sie Ihrer Intuition folgen und sich von Ihrer heiligen Weiblichkeit leiten lassen wollen. Das Yoni-Ei, Yoga, Meditation, Tai-Chi, energetische Massagen, pflegende Bäder und Frauenkreise sind Möglichkeiten, die Ihnen helfen können, Ihre Sensibilität im Hören auf den eigenen Körper zu stärken. So treffen Sie die Entscheidungen, die sinnvoll für Sie sind. Dieser wunderbare Kompass, diese innere Wahrheit macht sich im Körper durch Empfindungen wie Frösteln, Gänsehaut und so weiter bemerkbar.

Zeit mit Schweigen verbringen

Denken Sie daran, in Ihrem übervollen Terminkalender Zeiten des Schweigens, der Meditation, des Stillsitzens zu reservieren, um den Kontakt zu Ihrer heiligen Weiblichkeit zu erhalten. Wenn Sie sich auf Ihre innere Weisheit verlassen wollen, wenn Sie die Großartigkeit des Lebens und der universellen Wahrheit genießen wollen, dann brauchen Sie Zeiten, in denen Sie ganz für sich sind.

Manchmal werden Ihnen solche Zeiten sinnlos vorkommen, manchmal sind sie aber auch angefüllt mit neuen Ideen für die Welt, neuen Etappen auf dem Weg unserer Lebensmission und neuen Ideen für Ihre ganz persönliche Version der heiligen Weiblichkeit.

In Verbindung mit der Natur

Stellen Sie sich für einen Moment mit nackten Füßen auf die Erde. Oder umarmen Sie einen Baum, arbeiten Sie im Garten, schauen Sie aufs Meer hinaus. Verbinden Sie sich mit den Elementen und dem Rhythmus der Erde, lauschen Sie auf ihr leises Murmeln und heißen Sie die zeitlose Weisheit willkommen.

Rituale entwickeln

Rituale geben uns die Möglichkeit, uns mit den Kräften des Lebens zu verbinden, mit etwas, das größer ist als wir selbst. Sie lassen uns magische, unvergessliche und symbolkräftige Momente erleben, weil diese sich außerhalb der normalen Logik und der sichtbaren Welt bewegen.

Allen Ritualen gemeinsam ist, dass sie unser Vertrauen stärken, uns vereinen und öffnen für das Außergewöhnliche. Sie bringen uns an einen Ort, an dem die Zeit langsamer fließt. Sie repräsentieren einen besonderen Moment der Begegnung mit uns selbst, mit unserer inneren Weisheit und unserer Seele, indem wir zum Leben gelangen, zur Quelle.

Dazu brauchen wir keine Vermittler, keine Priester, Imame oder Rabbiner (vgl. mein Buch *Je n'ai pas de religion et ça me plaît*). Wir können uns direkt mit der Quelle des Lebens verbinden. So revolutionär dieser Gedanke manchen von uns vorkommen mag, sollen Sie doch wissen, dass Rituale Ihnen die Möglichkeit geben, Ihre innere Kraft wiederzufinden und sich einen Ort und eine Zeit zurückzuerobern, die Sie anderen überlassen haben.

Kein Ritual ohne Intention, ohne Symbole, Präsenz und Dankbarkeit. Rituale verlangen, dass wir unseren Platz einnehmen, dass wir unsere innere Kraft in Anspruch nehmen und uns in aller Demut für das Geheimnis des Lebens öffnen. Rituale laden uns ein, über uns hinauszuwachsen, über das hinauszusehen, was wir ohnehin schon vom Leben wissen. Sie laden uns ein, eine Göttin zu werden und der Seele das Handeln zu überlassen.

Sie können bei sich zu Hause anfangen, Rituale zu entwickeln, an einem Ort mit Gegenständen, die einen symbolischen Wert für Sie haben. In einem Zimmer, in dem Sie sich wohlfühlen und das mit Ihrer Energie aufgeladen ist. Sie können aber auch einen vorübergehenden Ort in der Natur schaffen, im Wald, am Strand, auf einer Lichtung, in den Bergen, in Ihrem Garten, nah bei einem Baum. Oder an einem ganz und gar einsamen und verlassenen Ort, der Sie zu sich ruft und im Einklang mit Ihnen schwingt.

Rituale können damit beginnen, dass Sie eine Intention entwickeln, also den Kontext, in dem das Ritual stattfindet. Zum Beispiel so: »Meine Intention ist es, die heilige Weiblichkeit zu ehren.« Intuitiv werden Sie bei der Vorbereitung des Rituals solche Gegenstände wählen, die mit der Intention zu tun haben: Kerzen, Räucherwerk, ätherische Öle, das Yoni-Ei, Steine, Gedichte, leise Musik und so weiter.

Dann müssen Sie sich für einen Ort entscheiden, für die Personen, die daran teilnehmen (allein, als Paar, als Gemeinschaft, Familie, Frauengruppe …), und für eine Zeit, zu der das Ritual stattfinden soll.

Beginnen Sie das Ritual mit bestimmten Gesten und/oder Worten – Sie könnten zum Beispiel eine Kerze anzünden und dazu sprechen: »Ich eröffne den Raum des Rituals mit der Absicht …« Sie können eine wohlwollende Dimension, die über das Sichtbare hinausgeht, einladen, Sie zu führen, wenn Sie das Ritual Ihrer Wahl durchführen. Lassen Sie sich von Ihrer Inspiration leiten, in Kontakt mit Ihrer Yoni, Ihrer inneren schöpferischen Kraft und der Göttin in Ihnen. Geben Sie sich die Erlaubnis, all das zu ehren und darauf zu hören – in Ihrem Herzen.

Eine Geste der Ehrerbietung und Dankbarkeit wie beispielsweise das Yoni-Mudra kann das Ritual beenden.

Mit der Zeit werden Sie sich mit Ihren eigenen Ritualen immer wohler fühlen. Geben Sie sich selbst die Erlaubnis, Ihre Rituale für das Leben und die Erde zu einer guten Gewohnheit zu machen. Finden Sie eigene Worte und Gesten, um Ihre innere Schönheit zum Ausdruck zu bringen, dann wird die heilige Weiblichkeit Sie befreien und die Erinnerungen an vergangene Leben wiedererwecken, sodass Sie Selbstvertrauen gewinnen und Ihre innere Kraft in diesem gegenwärtigen Leben wiederfinden.

Durch diese Praxis können Sie Ihren eigenen Weg, Ihren Rhythmus finden. Trauen Sie sich, zu reden, zu singen, frei zu tanzen, um das Leben zu feiern und zu ehren. Ihr Körper wird so zum Instrument. Sie können sich dann immer besser dieser Lebenskraft überlassen, nicht nur während der Rituale, sondern auch in Ihrem Alltag. Das geht im Übrigen auch mit anderen gemeinsam. Suzanne Sterling, Sängerin und Priesterin, hat mir in einem Interview auf Bali anvertraut: »Es ist wichtig, dass wir zu unserer eigenen spirituellen Autorität werden. Es ist essenziell, dass wir auch öffentliche Rituale in unserer Gesellschaft wieder aufnehmen. Wir sind dazu geschaffen, uns auszudrücken und in Gemeinschaft zu leben. Wenn wir unsere Wahrheit finden und gemeinsam äußern, können wir unseren eigenen Weg finden. Das ist nicht mehr nur eine Frage der Traditionen. Es ist an der Zeit, in diesem neuen Zeitalter etwas zurückzugeben. Viele eignen sich sehr viel an, geben aber nichts zurück. Man nimmt, aber man gibt nicht. Ich rede hier sowohl von der Erde als auch von der Gesellschaft.«

▸ Tanzen

Genießen Sie einen Moment für sich, dimmen Sie das Licht, zünden Sie vielleicht ein paar Kerzen an, und lassen Sie Ihren Körper zu angenehmer, dynamischer Musik tanzen, die Ihnen Lust macht, die Göttin in Ihnen freizulassen. Tun Sie das mit der Absicht, Ihre Erinnerungen an Ihre Vorfahrinnen zu befreien, sich zu öffnen, die Lebensfreude wieder zu spüren und mit Ihrer heiligen Weiblichkeit wieder in Kontakt zu kommen. Vergessen Sie nicht, Ihre Yoni zu bitten, dass auch sie sich in diesem Tanz zum Ausdruck bringt.

Ein Friedensritual

Dieses Ritual wird Ihnen in heiklen oder schwierigen Momenten Ihres Lebens helfen. Die Absicht des Rituals besteht darin, die Situation zu befrieden.

Setzen Sie sich bequem auf ein Kissen oder einen Stuhl. Wenn Sie ein ätherisches Öl haben, das Sie besonders mögen, atmen Sie seinen Duft ein, lassen Sie sich von dem Duft mitnehmen oder bleiben Sie einfach für ein paar Momente in Ihrem Herzraum. Tupfen Sie anschließend einen Tropfen ätherisches Öl auf Ihr Herz und das Herzchakra in der Mitte Ihrer Brust. Lassen Sie gedanklich die Situation, in die Sie Frieden bringen wollen, an die Oberfläche steigen. Vielleicht empfinden Sie dabei ein Gefühl der Traurigkeit oder Wut. Lassen Sie es sich frei ausdrücken. Geben Sie sich die Erlaubnis, Ihre Gefühle nach außen zu bringen. Dann bedanken Sie sich.

Atmen Sie ein, atmen Sie aus und verbinden Sie sich mit Ihrer Yoni, mit Ihrer Kraft und der schöpferischen Kraft in Ihnen, die Sie jetzt empfangen wollen. Laden Sie sich auf wie eine Batterie. Dann danken Sie für diesen Moment, die Hand auf dem Herz.

Wie fühlen Sie sich? Haben Sie neue Ideen, neue Ahnungen, die Sie gern nutzen möchten? Wenn ja, handeln Sie in aller Sanftheit und mit Selbstbewusstsein.

Frauenrituale mit dem Yoni-Ei

Ich empfehle Ihnen, die Praxis des Yoni-Eis zu ritualisieren, um daraus ein wunderbares Erlebnis zu machen, das Sie aus Ihrem Alltag befreit. Die Praxis mit dem Ei wird so zu einem magischen, einzigartigen Moment.

Indem Sie eine gemütliche, intime, sanfte und »weibliche« Atmosphäre schaffen, fördern Sie den Ausdruck Ihrer Weiblichkeit, Ihr Körper entspannt sich, Ihr Geist öffnet sich, alles wird fließend, und die Magie übernimmt wieder die Regie und lässt Sie einzigartige Momente erleben, in denen Sie die Verbindung zu Ihrer heiligen Weiblichkeit erneut spüren.

Zünden Sie zum Beispiel eine Kerze an, gleiten Sie unter ein Laken aus Seide oder in ein Bad mit Meersalz und Rosenöl. Oder reinigen Sie Ihre Hände in einer Schüssel mit Blütenblättern, bevor Sie anfangen.

Ein Ritual für den ersten Kontakt

Nehmen Sie sich Zeit beim ersten Kontakt mit Ihrem Ei. Lernen Sie es kennen, betrachten Sie es im Licht, spüren Sie seine Temperatur und Textur, seien Sie neugierig und voller Hoffnung auf alles, was Sie durch das Ei entdecken werden.

Dieser Gegenstand ist nicht durch Zufall in Ihr Leben getreten. Zwischen Ihnen werden Komplizenschaft und Intimität entstehen. Sehr oft passiert etwas Besonderes, wenn eine Person ein Yoni-Ei zum ersten Mal in die Hand nimmt: Staunen, Überraschung, Scham, Vorahnung.

Um das Ei in Ihrem Leben willkommen zu heißen, entwickeln Sie ein Ritual Ihrer Wahl. Es geht darum, diesem Stein dafür zu danken, dass er zu Ihnen gekommen ist. Sie können das Ei dazu in Ihre verschränkten Hände legen, auf Höhe des Herzens, voller Dankbarkeit.

Hier ein Beispiel für ein Begrüßungsritual für Ihr Yoni-Ei:

Suchen Sie sich einen Raum und Zeit für sich. Setzen Sie sich auf den Boden, legen Sie vor oder um sich einige Gegenstände: Düfte, Öle, Federn, Zeichnungen, Fotos, Figuren, eine Schüssel mit warmem Wasser, eventuell mit Blütenblättern und frische Wäsche. Diese Gegenstände symbolisieren Ihre Weiblichkeit, die heilige Weiblichkeit, Ihr Leben als Frau und die Praxis des Yoni-Eis.

Beginnen Sie, indem Sie Ihre Absicht äußern, das Ei willkommen zu heißen: »Ich möchte dich in meinem Leben als Frau begrüßen.«

Lassen Sie dann Ihrer Fantasie freien Lauf, um das Ritual so weiterzuführen, wie Sie es wünschen. Einige Frauen sind dann schon bereit dazu, das Ei einzuführen und einen ersten inneren Kontakt mit ihm aufzunehmen. Ist das bei Ihnen auch der Fall, waschen und reinigen Sie das Yoni-Ei nach der Anwendung. Schließen Sie das Ritual in jedem Fall damit ab, dass Sie dem Leben und dem Ei für diese Erfahrung danken. Danken Sie ihm, dass es in Ihr Leben getreten ist, und bitten Sie es, Sie zu führen, zu begleiten und auf dem Weg zur Erfüllung und intimem Wohlbefinden zu unterstützen.

Im Bad

Das Baderitual vor der Praxis mit dem Yoni-Ei gehört zu meinen Lieblingsritualen.

Lassen Sie sich ein Bad ein, geben Sie Rosenblütenblätter ins Wasser, zünden Sie eine Kerze an und hören Sie beruhigende Musik. Schaffen Sie eine entspannende und sinnliche Atmosphäre. Ich gebe gern unbehandeltes grobes Meersalz ins Wasser und dazu einige Tropfen ätherisches Öl. – Wir haben alle unsere eigenen Wege, um uns zu entspannen.

Wenn Sie im Wasser liegen, lassen Sie auch das Yoni-Ei hineinfallen. Denken Sie aber daran, das Ei auf den Temperaturwechsel vorzubereiten und es keiner abrupten Temperaturerhöhung auszusetzen.

Genießen Sie diesen Moment der Zweisamkeit mit dem Ei, bringen Sie es in Kontakt mit den verschiedenen Teilen Ihres Körpers, auch mit Ihrer Yoni. Sie können Ihre Yoni mit dem Ei massieren, indem Sie es an Ihre Schamlippen halten. Drücken Sie ein paar Mal, um die Energien zu befreien, die dort angestaut sind. Dies ist ein Moment des Kennenlernens.

Die Hände reinigen

Vor jeder Praxis sollten Sie Ihre Hände reinigen. Es gibt verschiedene Möglichkeiten, das zu tun. Sie können Leitungswasser über Ihre Finger laufen lassen, ein Zeichen des Loslassens, oder, mit mehr Symbolik, die Hände in eine Schüssel mit warmem Wasser tauchen, in das Sie, wenn Sie wollen, Rosenblütenblätter gegeben haben. Danach trocknen Sie Ihre Hände mit einem sauberen Handtuch ab. Spüren Sie das Wasser an Ihren Händen, wie es über Ihre Finger läuft, werden Sie sich dieses Teils Ihres Körpers bewusst. Spüren Sie Ihre heilige Weiblichkeit, danken Sie dem Leben für diesen Moment. Danach zünden Sie eine Kerze an.

Einen Brief schreiben

Schreiben Sie einen Liebesbrief oder einen Versöhnungsbrief an Ihre Yoni. Beginnen Sie mit: »Liebe Yoni ...« Stellen Sie einen Wecker auf zehn Minuten und schreiben Sie, ohne anzuhalten, einfach Ihre Gedanken nieder. Gestatten Sie sich, auch Geheimnisse aufzuschreiben, Dinge, die Sie bereuen, Frustrationen. Lassen Sie Ihre Erinnerungen und Gefühle frei und nehmen Sie eine wohlwollende Haltung dazu ein. Erwähnen Sie Ihre Praxis mit dem Ei und Ihre neue Beziehung. Schreiben Sie einfach, was Ihnen einfällt.

Diesen Brief können Sie aufbewahren oder in der Erde vergraben. Wählen Sie ein Ritual, das zu Ihnen passt, bei dem Sie sich frei und erleichtert fühlen und die Vergangenheit loslassen können. Es muss nicht in einer einzigen Etappe geschehen, aber es ist eine gute Vorbereitung mentaler und psychischer Art auf das, was kommt. Führen Sie dieses Ritual sehr sanft durch, genau dann, wenn Sie sich dazu bereit fühlen.

Ritual für wirksame Träume

Bevor Sie sich schlafen legen, zünden Sie eine Kerze an, spüren Sie, wie Ihr Körper auf dem Bett liegt, atmen Sie sanft und tief mit dem Ziel, sich zu entspannen. Listen Sie in Gedanken mindestens fünf Dinge auf, an die Sie sich erinnern, und lächeln Sie innerlich und äußerlich mit friedlichem Gesicht diesen Erinnerungen zu. Genießen Sie den Moment der Ruhe.

Legen Sie das Yoni-Ei auf eine Körperstelle, die Aufmerksamkeit nötig hat, oder schieben Sie es unter Ihr Kopfkissen. Wenn Sie mehrere Eier besitzen, nehmen Sie das, was zu Ihrer Erwartung passt, je nach Stein oder eigenem Gefühl.

Lassen Sie sich von Nicole Gratton – Autorin des Buchs *L'Art de rêver*, die ich in Québec interviewen durfte – inspirieren und programmieren Sie eine Intention für diese Nacht. »Diese Nacht werde ich mich an meine Träume erinnern und daraus Rat und Hilfe beziehen.« Legen Sie Ihr Traumtagebuch oder Ihr intimes Tagebuch auf den Nachttisch, dazu einen Stift, damit Sie sofort nach dem Aufwachen notieren können, was Ihnen im Traum begegnet ist. »Mein Traum weist mich darauf hin, dass ...«

▸ Ein Ritual für Paare

Um Ihrem Partner den Vorschlag zu machen, gemeinsam mit Ihnen ein solches Ritual durchzuführen, brauchen Sie Mut und Offenheit, aber die Wirkung ist magisch und öffnet die Türen für eine neue Dimension der Intimität. In vielen tantrischen und taoistischen Traditionen nehmen die Partner zusammen ein Bad (eine ideale Vorbereitung) oder duschen zusammen. Dann ziehen sie sich ein Kleidungsstück aus Seide an, halten sich an den Händen, schauen sich in die Augen und äußern eine Absicht für diesen gemeinsamen Moment. So treten sie beide in einen heiligen Raum des Wohlwollens und der Kreativität ein.

Dieses Ritual hat die Absicht, Ihre Yoni gemeinsam zu ehren. Nachdem Sie die Absicht formuliert haben, nehmen Sie das Yoni-Ei, das Sie dafür vorgesehen haben, zeigen es Ihrem Partner und schlagen ihm vor, es mit Kokosöl einzureiben und Sie dann damit zu massieren. Er kann damit über Ihren Venushügel fahren, an den Schamlippen entlang, über die Klitoris, bevor er sich Ihrer Vagina und ihrem Eingang zuwendet. Im ersten Moment ist das Ei wahrscheinlich noch etwas kalt, aber das kann gerade sehr aufregend sein. Wenn nicht, bitten Sie Ihren Partner, es mit seinen Händen anzuwärmen.

▸ Altar der Weiblichkeit

Wählen Sie einen Platz in Ihrer Wohnung, um dort das Symbol Ihres Erwachens aufzustellen. Das kann ein Bild sein, eine Statue, eine Tafel, ein kleines Regal mit persönlichen Gegenständen, die diese Etappe repräsentieren. Geben Sie diesem Platz eine besondere Bedeutung; er soll sich vom Rest Ihrer Wohnung unterscheiden. Im besten Fall ist es ein Ort, zu dem nur Sie Zugang haben. Nicht, um andere auszuschließen, sondern um Ihre Energie zu sammeln, Ihre Absichten, Ihre Pläne, Ihre Harmonie mit sich selbst. Ihr Ei kann sich dort mit all den Energien anreichern. Und es wird diesem Ort seine Kraft übermitteln.

Liebesrituale mit Ihrer Yoni

Die Rituale mit der Yoni schenken diesem Teil Ihres Körpers sehr viel Liebe und Ehrerbietung. Die Yoni ist ein heiliger Tempel, das Tor zu

Ihrer heiligen Weiblichkeit und Ihren schöpferischen Kräften. Sie ist wohl schon ein kleines Ritual wert! Dieser Teil Ihres Körpers hat es verdient, gefeiert, geehrt, verehrt und angebetet zu werden. Die Yoni ist perfekt, so wie sie ist, mit ihrer ganzen Vergangenheit, ihrem Aussehen, ihrer Form und ihrem Verlangen wie auch ihren Abneigungen.

Wenden Sie sich der Gegenwart und der Zukunft zu. Traumata, Schande, Schuld und Leiden, die Sie selbst oder Ihre Vorfahrinnen erlebt haben, rauben Ihnen einen Teil Ihrer sexuellen Energie, Ihrer Lebenskraft, Ihrer Kreativität und Ihrer inneren Weisheit. Durch die folgenden Rituale können Sie eine neue intime Geschichte beginnen und sich mit diesem Körperteil verbinden, der Ihnen so viel zu sagen hat.

Spieglein, Spieglein ...

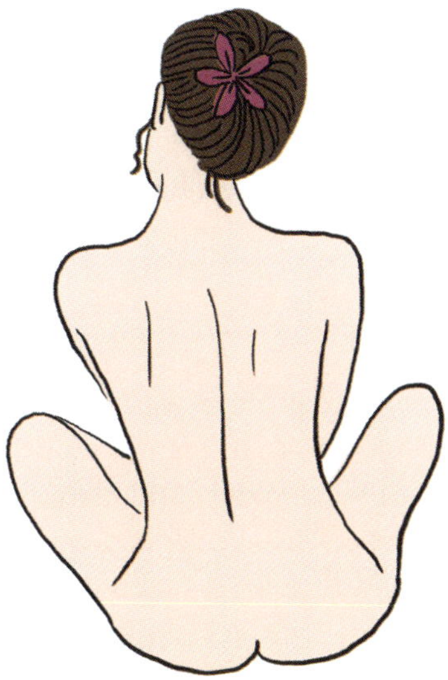

Nehmen Sie Ihren schönsten Spiegel zur Hand in der Absicht, Ihre Yoni genauer kennenzulernen.

Betrachten Sie sie mindestens fünf Minuten lang. Ihre Form, die Lippen, die Größe, die Textur, Farbe und so weiter. Jede Yoni sieht anders aus, es gibt so viele verschiedene, wie es Frauen gibt. Urteilen Sie nicht. Lieben Sie sie so, wie sie ist.

Die Botschaften Ihrer Yoni

Suchen Sie sich ein schönes Blatt Papier oder ein Heft, das Sie dazu inspiriert, ein paar Botschaften Ihrer Yoni aufzuschreiben. Suchen Sie sich dann die richtige Zeit für dieses Ritual und äußern Sie die Absicht, alles niederzuschreiben, was Ihre Yoni Ihnen zu sagen hat.

Zünden Sie eine Kerze an, entspannen Sie sich im Hier und Jetzt, formulieren Sie Ihre Intention (»Ich will die Erinnerungen meiner Yoni befreien« oder: »Meine Absicht ist es, Worte der Weisheit für mein Liebesleben zu hören«) und schreiben Sie alles nieder, ohne anzuhalten. Geben Sie sich die Erlaubnis, alles frei auszudrücken, was Ihnen in den Sinn kommt. Alles, was Ihre Yoni Ihnen sagen will. Urteilen Sie nicht. Schreiben Sie es einfach auf. Wenn Sie eine Botschaft empfangen, spüren Sie nach, ob es gut ist, diese Worte freizusetzen, zu Ende zu denken oder zu verankern. Vielleicht beschließen Sie, das Blatt zu verbrennen, es mit Bildern zu verzieren, es zu behalten, einzurahmen oder in ein Album zu kleben. Lassen Sie Ihrer Fantasie und Ihrer weiblichen Kreativität freien Lauf.

Bedanken Sie sich anschließend bei Ihrer Yoni und handeln Sie nach den Ratschlägen, die Sie bekommen haben. Hören Sie dabei immer auf Ihr Herz.

Yoni-Massage

Nehmen Sie etwas Kokosöl, das Sie in warmem Wasser angewärmt haben. Sie bekommen es in Bioläden, am besten in einem Glasbehälter. Nehmen Sie etwas davon auf Ihre Fingerspitzen und massieren Sie sich liebevoll und ohne zu urteilen. Es soll eine Massage der bedingungslosen Liebe sein. Massieren Sie Ihren Bauch und Ihre Yoni, außen und innen. Tun Sie sich etwas Gutes! Nehmen Sie sich Zeit für jede einzelne Stelle: Harnröhre, Vagina, Anus, Schamlippen, Klitoris und so weiter. Tun Sie es mit Präsenz, Liebe und Bewusstheit. Wie bei jedem Ritual zünden Sie eine Kerze an, schaffen Sie eine gute Atmosphäre und äußern Sie eine Absicht der Befreiung, des Kontakts mit Ihrer heiligen Weiblichkeit und Ihrer inneren Weisheit.

Die Yoni feiern

Suchen Sie sich eine Skulptur, ein Bild, eine Zeichnung oder ein anderes Objekt, das für Sie Ihre Yoni repräsentiert. Es gibt verschiedene

Möglichkeiten, dieses Ritual durchzuführen, aber es ist wichtig, dass Sie starke Symbole verwenden. Begeben Sie sich auf eine Entdeckungsreise.

Dieses Ritual beginnt mit Ehrerbietung oder einem Gruß an das Symbol. Legen Sie Blumen davor, Früchte, Blütenblätter, singen Sie Mantras oder Lieder, rezitieren Sie Texte. Die Geschenke sollten die Fünf Elemente (Erde, Wasser, Feuer, Geist, Luft) repräsentieren. Feiern Sie Ihre Yoni auf Ihre eigene Art.

Bei Vollmond oder Neumond

Schauen Sie in Ihren Kalender und notieren Sie sich die nächsten Vollmond- und Neumonddaten!

Der Neumond markiert den Anfang eines neuen Zyklus, eine Gelegenheit, neu anzufangen, ein neues Kapitel im Leben aufzuschlagen, Absichten zu äußern, die uns inspirieren. Er ist also eine ideale Zeit für die Praxis des Yoni-Eis. Es gibt viele Rituale um den Neumond und Vollmond. Auch hier gilt es, das passende auszuwählen, mit Kerzen, Steinen, Yoni-Ei, Musik oder Texten. Gestalten Sie das Ritual so, dass es Ihnen das Selbstvertrauen bringt, mit dem Sie Ihre schöpferische Kraft und Ihre heilige Weiblichkeit zum Ausdruck bringen. Und manifestieren Sie Ihre geheimsten Absichten.

Rituale zur energetischen Reinigung des Yoni-Eis

Wählen oder erschaffen Sie ein Ritual

Yoni-Eier sind aus Stein. Das heißt, sie kommen aus der Erde, und deshalb enthalten Sie Lebensenergie. Wenn Sie nicht mehr in Kontakt mit der Erde sind, muss man sie gut pflegen. Vor der ersten Anwendung sollten Sie den Stein reinigen, um alle fremden Energien von anderen Menschen zu entfernen, die ihn berührt haben. Folgen Sie dazu Ihrer Intuition und kreieren Sie ein Reinigungsritual. Vielleicht haben Sie ja mehrere Steine? Dann ist es eine gute Idee, sie ein- oder zweimal im Monat energetisch zu reinigen, vor allem, wenn Sie regelmäßig üben. In schwierigen Zeiten ist es ratsam, das Reinigungsritual öfter durchzuführen.

Estelle beispielsweise hat ihrer eigenen Inspiration freien Lauf gelassen.

> »Ich mag Rituale gern. Um mein Ei zu reinigen, habe ich mir ein eigenes ausgedacht.«
>
> *Estelle*

Es gibt unendliche Möglichkeiten, um das Ei energetisch zu reinigen. Ein Ritual ist immer ein symbolischer Akt. Um es durchzuführen, brauchen Sie einen Moment, in dem Sie sich allein an einem inspirierenden Ort befinden, bei Ihnen zu Hause oder in der Natur. Und Sie brauchen eine Intention, eine Absicht. Zum Beispiel: »Ich will ein schöpferisches und spontanes Ritual durchführen, das es mir erlaubt, mein Yoni-Ei energetisch zu reinigen.« Vielleicht wollen Sie Räucherwerk dazu benutzen, Salbeiblätter, sanfte Musik, Rosenblütenblätter, Steine oder Gebete. Hören Sie auf Ihr Herz, Ihre Intuition, lassen Sie Ihrer Fantasie freien Lauf.

> »Ich reinige die Eier nach jedem Gebrauch und lege sie für einen Tag in die Sonne, um sie wieder aufzuladen und zu reinigen.«
>
> *Cathy*

Bei Vollmond

Schauen Sie in Ihren Kalender oder ins Internet, um die Vollmondnächte herauszufinden. In diesen Nächten erreicht die weibliche Energie der Erde ihren Höhepunkt. Vollmondnächte sind ideal geeignet für ein Reinigungsritual wie auch für die Anwendung des Yoni-Eis. Jeden Monat haben Sie also eine Gelegenheit, Ihr Yoni-Ei energetisch zu reinigen. Notieren Sie sich die Daten im Voraus in Ihrem Terminkalender, sodass Sie daran denken.

> »Ich lege sie regelmäßig in ein schönes Stielglas, das ich so lange wie möglich dem Sonnen- oder Mondlicht aussetze, letzteres vor allem in Vollmondnächten.«
>
> *Caroline*

An Abenden mit Vollmond sollten Sie sich besonders viel Zeit nehmen, um sich zu pflegen. Lassen Sie sich ein Bad ein oder machen Sie ein Peeling. Tragen Sie dabei das Ei, wenn Sie wollen. Zünden Sie Kerzen an und legen Sie sanfte, entspannende Musik auf, beispielsweise die Mantras von Deva Premal, die das Erwachen der Göttin in Ihnen stimuliert. Nehmen Sie dann ein Seidentuch, legen Sie Ihr Ei darauf und suchen Sie einen guten Platz dafür. Er sollte den Charakter eines Heiligtums haben. Legen Sie zum Beispiel Blumen, Kerzen und Räucherwerk dazu. Praktizieren Sie eine Meditation Ihrer Wahl. In der Nacht legen Sie das Ei aufs Fensterbrett, damit es sich mit dem Mondlicht förmlich vollsaugen kann. Am nächsten Morgen legen Sie es wieder an seinen üblichen Aufbewahrungsort.

Salbei und Palo Santo

Schamanische Methoden sind perfekt geeignet, um einen Ort, eine Person, sich selbst, einen Stein oder andere Dinge energetisch zu reinigen. Aber sie funktionieren nur, wenn Sie die Absicht zu dieser energetischen Reinigung auch deutlich formulieren. Nachdem Sie das getan haben, nehmen Sie trockenen Salbei oder einen Strauß Palo Santo (ein brasilianisches Holz, das für Reinigungsrituale benutzt wird), zünden Sie das Kraut an und blasen Sie darauf, um es anzufachen. Umfahren Sie mit dem Rauch Ihr Yoni-Ei und bitten Sie das Leben, die Quelle, alle negativen energetischen Verbindungen zu kappen. Bitten Sie um Reinigung. Nutzen Sie diese Reinigung für sich selbst und den Ort, an dem Sie sich befinden. Hören Sie auf Ihre Intuition und lassen Sie sich von ihr führen. Befreien Sie die Göttin und die Schamanin in Ihnen.

Die Energie Ihrer Hände

Wenn Sie selbst über viel Energie und Magnetismus verfügen, wenn Sie Reiki oder andere energetische Techniken praktizieren, wird es Ihnen sehr leichtfallen, das Ei mit Ihren Händen zu energetisieren. Wenn Sie keine Erfahrung damit haben, die Energie durch Ihre Hände fließen zu lassen, beginnen Sie damit, sie kräftig zu reiben. Halten Sie sie dann etwa zehn Zentimeter auseinander und spüren Sie die Energie, die von ihnen ausgeht. Nehmen Sie Ihr Ei und lassen Sie die Energie hineinfließen.

Ich möchte Sie darauf hinweisen, dass dies kein mentaler Akt ist. Nicht Sie wirken auf das Ei ein, sondern Sie lassen die Energie des Lebens hinein- und hindurchfließen. Das Ei saugt sich damit voll.

Die Vibration der Klänge

Tibetanische Klangschalen, Kristallschalen oder Gongs gehören zu den Instrumenten, die es Ihnen erlauben, Ihr Ei zum Schwingen zu bringen. Das mag es gern, genau wie Ihr Körper und alle seine Zellen. Nutzen Sie den Moment, um gute Absichten zu formulieren und das Wohlbefinden mit jeder Faser Ihres Körpers zu spüren.

Salzwasser

Legen Sie Ihr Ei ins Waschbecken und lassen Sie ein paar Momente lang Wasser darüber laufen. Visualisieren Sie die Reinigung und die Energie.

Auch Salzwasser ist gut geeignet, aber nur für eine kurze Anwendung (maximal eine Viertelstunde) und nur bei bestimmten Steinen. Bei manchen Kristallen wirkt Salz schädlich.

Wenn Sie am Meer leben, nehmen Sie Ihren Stein mit zum Schwimmen. Lassen Sie ihn dabei in Ihrer Hand oder befestigen Sie den Rückholfaden des Yoni-Eis an Ihrem Badeanzug.

Einen Frauenkreis bilden

Wir nehmen uns nicht immer genug Zeit, um mit Freundinnen oder einfach mit Frauen zusammen zu sein. Dabei täte uns das so gut! Soziale Medien, Messenger-Dienste und Mails können die Intimität des direkten Kontakts nicht ersetzen.

Es gibt uns Kraft, mit anderen Frauen zusammen zu sein. Und dazu gibt es unzählige Gelegenheiten: eine Geburt, der Neumond, die Praxis des Yoni-Eis, eine Hochzeit, eine Scheidung, der Beginn eines neuen Lebenskapitels und so weiter.

Ein Frauenkreis ist eine Möglichkeit, sich gegenseitig energetisch zu stützen, aber auch die guten Gedanken hinausfließen zu lassen zu allen Frauen dieser Welt. Er erlaubt uns, in einen heiligen Raum einzutreten. Suzanne Sterling bekräftigt: »In der Gruppe synchronisieren sich unsere Schwingungen. Wenn wir zusammen singen, tanzen und beten, kommt der Geist zur Ruhe.«

Wie bei allen Ritualen geht es darum, der Imagination und Kreativität freien Lauf zu lassen und sich von dem leiten zu lassen, was einem guttut. Amüsieren Sie sich, lachen Sie, ehren Sie die Göttin in Ihrem Inneren, lesen Sie inspirierende Texte, nehmen Sie teil, leben Sie in der Gegenwart. Bitten Sie jede eingeladene Frau, ihr bevorzugtes ätherisches Öl mitzubringen, ihre liebsten Steine, wenn sie welche hat, ihr Yoni-Ei oder mehrere Yoni-Eier, dazu Blumen, Blütenblätter oder Kräuter.

Bereiten Sie einen Ort vor, der schön ist und Sanftheit ausstrahlt. Legen Sie farbige Tücher auf den Boden (Rot ist gut geeignet, weil es an das Menstruationsblut erinnert), Kissen und Blumen. Reinigen Sie die Frauen mit Salbei- oder Palo-Santo-Rauch, und dann bilden Sie einen Kreis, indem Sie sich an den Händen halten. Jede übermittelt ihre Absicht für den Frauenkreis.

Singen Sie, lesen Sie Gedichte, meditieren und tanzen Sie. Bleiben Sie ganz in der Freude und im gegenwärtigen Moment, verbunden mit Ihren Vorfahrinnen und allen Frauen dieser Welt. Damit jede zu Wort kommt, können Sie einen Redestab weitergeben.

Auch das Yoni-Ei hat seinen Platz im Frauenkreis. Dies ist eine Gelegenheit, den anderen Frauen Ihre liebsten Steine, Praktiken und Rituale mitzuteilen. Lassen Sie die Informationen auch Frauen zukommen, die noch keine Gelegenheit hatten, das Yoni-Ei kennenzulernen – und seine erweckende, befreiende Wirkung auf die weibliche Kraft.

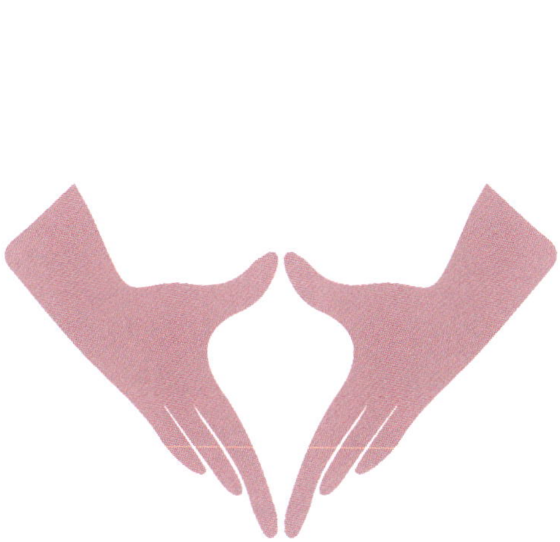

Kostbare Abenteuer

Wie gut, auf dieser Erde eine Frau zu sein! Wir erleben einen Paradigmenwechsel, in dessen Rahmen sich das weibliche Prinzip in seiner ganzen Herrlichkeit offenbart. Es ist eine Freude, das zu beobachten und daran teilzuhaben, nicht wahr?

Ich wünsche Ihnen, dass Sie, jede einzeln oder gemeinsam, jeden Moment genießen, in dem Sie die Möglichkeit haben, mit Schönheit und Weiblichkeit Ihr Leben zu gestalten – Tag für Tag. Dass Sie Lust bekommen, sich zu entdecken, sich zu befreien und alle Gelegenheiten zu nutzen, die sich Ihnen auf so großartige Weise bieten.

Das Yoni-Ei soll Sie dabei in den verschiedenen Phasen Ihres Lebens begleiten, vor allem auch beim Aufschlagen eines neuen Kapitels. Allen Frauen ist es möglich, ihre innere Weisheit und Schönheit zu befreien.

Das Ei ist nicht das einzige Werkzeug dazu, aber es ist in meinen Augen ein wichtiger Anfang. Die Tatsache, dass es von so vielen Frauen auf der ganzen Welt benutzt wird, zeigt uns, dass der Moment gekommen ist, den Weg der heiligen Weiblichkeit zu gehen.

Ich wünsche Ihnen kostbare Entdeckungen und Abenteuer.

Von ganzem Herzen Ihre

Lilou Macé

Noch mehr

Näheres über mich und von mir finden Sie:

- **auf meiner Facebook-Seite:** aktuelle Informationen, direkte Kontaktmöglichkeit und Daten von Konferenzen und Treffen, an denen ich teilnehme: www.facebook.com/frlilou
- **auf meinem Internetsender:** mit Interviews über Bewusstheit, persönliche Erfüllung, Spiritualität und Wohlbefinden: www.lateledelilou.com
- **in meiner Bibliothek:** mit Büchern, Karten, Yoni-Eiern und anderen schönen Dingen, die mit Liebe ausgesucht sind: www.lalibrairiedelilou.com

Außerdem:

- **Meine Sammlung von Yoni-Eiern:** www.lalibrairiedelilou.com/collections/oeufs-de-yoni oder www.lesoeufsdelilou.com
- Mein Coaching-Angebot mit mehr Informationen über die Coaching-Videos, die meine Bücher begleiten, darunter auch *Le Défi des 100 jours*: www.lecoachingdelilou.com

Nachwort von Aisha Sieburth

Das war's – nun haben Sie die ersten Etappen der Praxis mit dem Yoni-Ei erlebt und die unglaublichen Wirkungen erfahren, die Sie sicherlich einladen, mehr zu erforschen und noch mehr in die Tiefe zu gehen, um die verborgenen Schätze Ihrer geheimen Quellen zu finden und zu entdecken …

Herzlich willkommen auf Ihrer Entdeckungsreise zu Ihrer heiligen Weiblichkeit!

Die Praxis des Yoni-Eis ist speziell dazu entwickelt worden, die heilige Dimension der weiblichen Energie zu wecken und sich mit der Sanftheit, der heilenden Energie und der stillen Kraft in unserem Inneren zu verbinden.

Wenn Sie regelmäßig mit Ihrem Yoni-Ei üben, werden Sie eine tiefe Energie in sich erwecken. Sie werden die innere Kraft einer orgasmischen Schwingung kultivieren, die zu einem Werkzeug der Selbstheilung wird. Bei Männern wirkt die Erweckung ihrer männlichen Energie durch diese Praktiken ebenso und hilft, ihre eigene Energie und sexuelle Kraft besser zu nutzen und weiterzuentwickeln.

Wenn Sie Ihr individuelles Training mit einer Praxis als Paar verbinden, kann sich daraus auf natürliche Weise eine Verschmelzung von Yin und Yang ergeben, die die Energie der Liebe zu einem »Multi-Orgasmus« steigert. Dies ist eine schöpferische Energie, die so stark ist, dass Körper, Geist und Herz gemeinsam anfangen können zu leuchten. Eine sexuelle Energie, die durch ein Paar zu Lebensenergie umgewandelt wird, öffnet ein Fenster zu wunderbaren Horizonten der Versöhnung unter den Geschlechtern.

Um diese fantastische Energie zu beherrschen, braucht es Zeit, eine gute Erdung und Übung, damit die Energie richtig durch Ihren Körper fließen kann. Um das zu lernen, brauchen Sie Geduld, Vertrautheit und vor allem Liebe. Dann kann die Sexualität zum Ausgangspunkt für eines der größten Abenteuer in Ihrem Leben werden.

Gutes Üben und gutes Chi für Sie alle!

Aisha Sieburth

Senior-Lehrerin UHTS
Gründerin der École du Tao de la Vitalité

Dank

Ich danke dem ganzen Team von Éditions Leduc.s, dem Verlag dieses Buchs. Vor allem geht mein Dank an meine Lektorin Liza, die an das Thema und die Bedeutung seines Inhalts geglaubt hat. Durch sie ist dieses Buch erst zu dem geworden, was es ist. Ich danke allen Männern und Frauen, die nah und fern an den Freuden und Herausforderungen der Produktion teilhatten und ohne die das Buch nie entstanden wäre. Ihr seid wunderbar!

Danke an Mantak Chia, der das Jade-Ei vor vielen Jahren in den Westen mitgebracht hat, der wichtige Werke über den Mann und die Frau im Tao geschrieben hat und der den Tao Garden in Thailand gegründet hat. Ich hole mir nur zu gern neue Kraft an diesem wunderbaren Ort, wo ich auch das Jade-Ei entdeckt habe. Ich danke ihm für die Interviews, in denen er mich an seiner Weisheit hat teilhaben lassen und an seinem Wissen über die wunderbaren Tao-Lehrer in aller Welt. Das Tao ist für viele Menschen zu einer entscheidenden Kraft geworden. Ich möchte vor allem Sarina, José, Aisha, Jutta, Shashi, Solla und Minke danken, die mir in vielen Interviews so großzügig ihr Wissen mitgeteilt haben.

Vielen Dank an all die Anwenderinnen des Yoni-Eis, die mir meine Fragen beantwortet haben und mir erlaubt haben, Ihre Zeugnisse in diesem Buch zu zitieren. Das ist ein wichtiger Beitrag, sowohl für dieses Buch als auch für Tausende von Frauen, die es lesen. Das Wort von Frau zu Frau über unsere Geheimnisse und Ängste ist in seiner Authentizität ungeheuer kostbar. Vielen, vielen Dank, liebe Mit-Erschafferinnen.

Die Absicht dieses Buchs ist so groß und schön, dass nur wenige Menschen von Anfang bis Ende an seiner Entstehung teilhatten. Manche, die sich nicht auf alles einlassen konnten, haben mich auf dem Weg verlassen. Ich möchte mich aber auch bei ihnen bedanken, die nur für kurze Zeit beteiligt waren, aber trotzdem zu seiner Schönheit und seinem Erfolg beigetragen haben.

Ich danke Marie-Pierre, Séverine, Corinne, François, Dimitri, Muriel, Laura, Fabrice, Arnaud, Caroline, Stéphane, Mariette, Lara, Elizabeth,

Phi-Haï Phan und last but not least meinem Gefährten und Lebenspartner Mickaël, der mich jeden einzelnen Tag bedingungslos unterstützt.

Ohne dich wäre mein Leben nicht dasselbe. Vielen Dank, dass du mich auf diesen Weg der Liebe geschickt hast. Vielen Dank für deine Offenheit, deine Freude, deine Begeisterung, dcincn Sinn für Organisation, deine Energie und dein Herz. Ich liebe dich. Du bist mein Engel, mein Begleiter, mein Ritter.

Lilou Macé

Lilou Macé, Autorin und Interviewerin, ist für eine Vielzahl von Reportagen und Vlogs, Bücher, Internetseiten und Erfahrungsberichte verantwortlich. Seit 2006 ist sie zu einer internationalen Größe im Web geworden, mit mehr als 60 Millionen Klicks auf YouTube.

Lilou reist seit 2011 durch die Welt, um Autoren, Therapeuten, Wissenschaftler und andere Persönlichkeiten zu interviewen und eine umfassendere, globalere und inspirierendere Erforschung unseres Lebens zu ermöglichen. Über die Grenzen der Kulturen, Länder und Dogmen hinweg vereint sie Welten, die bisher für inkompatibel gehalten wurden: das Sichtbare und das Unsichtbare, das Materielle und das Spirituelle, Rationalität und Sinnlichkeit. Sie zeigt, dass Einheit nicht nur möglich ist, sondern nötig, damit sich unsere Gesellschaften und unsere Welt weiterentwickeln.

Als Autorin einer Buchserie unter dem Titel *Le Défi des 100 jours*, die zum Bestseller wurde, hat sie 2015 die Librairie de Lilou gegründet.

Ihre Bücher

Buchreihe zu Le Défi des 100 jours

Le Défi des 100 jours ! Cahier d'exercices pour une vie extraordinaire, Guy Trédaniel, 2015.

Le Défi des 100 jours ! Cahier d'exercices du Défi des 100 jours pour développer son intuition (co-auteur : Sonia Choquette), Guy Trédaniel, 2016.

Le Défi des 100 jours ! Cahier d'exercices pour vivre la magie au quotidien (co-auteur : Arnaud Riou), Guy Trédaniel, 2017.

Le Défi des 100 jours ! Cahier d'exercices pour une alimentation consciente (co-auteur : Jym Macé), Guy Trédaniel, 2017.

Le Défi des 100 jours ! Cahier d'exercices pour libérer son rapport à l'argent et vivre son abondance (co-auteur : Christian Junod), Guy Trédaniel, 2018.

Kartensammlung zu Le Défi des 100 jours

Le Défi des 100 jours ! 100 cartes pour vivre la magie au quotidien (mit Arnaud Riou), Guy Trédaniel, 2017.

Les Cartes du Défi des 100 jours : 100 cartes pour vivre son abondance, La Télé de Lilou, 2017.

Le Défi des 100 jours ! 100 cartes pour accompagner sa vie au quotidien, Guy Trédaniel, 2016.

Sammlung zu Et ça me plaît

Je suis célibataire et ça me plaît, Guy Trédaniel, 2016.

Je n'ai pas de religion et ça me plaît, Guy Trédaniel, 2014.

Je n'ai pas d'argent et ça me plaît, Guy Trédaniel, 2012.

J'ai perdu mon job et ça me plaît, Guy Trédaniel, 2011.

Lilou im Web

Yoni-Eier entdecken

www.lesoeufsdelilou.com

www.lalibrairiedelilou.com

Vorträge und Kurse mit Lilou über Wohlbefinden und die Praxis des Yoni-Eis

www.lateledelilou.com/agenda

www.lesoeufsdelilou.com

www.facebook.com/frlilou

Coaching zur Praxis des Yoni-Eis

Ein Gratis-Video über das Coaching-Programm finden Sie unter www.lecoachingdelilou.com/oeufdeyoni

Mein Adressbuch

Ihre Zeugnisse und Fragen sind immer willkommen: Schreiben Sie mir am besten auf Französisch oder Englisch! Teilen Sie mir mit, was das Yoni-Ei in Ihnen ausgelöst hat, sprechen Sie über Ihre Lieblingspraktiken und -rituale, aber auch über Ratschläge für andere Frauen. Sie finden mich unter: lateledelilou@gmail.com

Weitere Adressen

Rat und Hilfe im Internet

Mantak Chia: http://www.mantakchia.com

José Toirán: http://josetoiran.com

Jutta Kellenberger: http://www.juttakellenberger.com/

Aisha Sieburth: https://www.taodelavitalite.org

Minke de Vos: http://www.femininetreasures.com/minke

Solla Pizzuto: https://www.sourcetantra.com/Solla-Pizzuto-p/teacher_sollapizzuto.htm

Shashi Solluna: http://shashisolluna.com/

Saida Désilets: www.SaidaDesilets.com

Videos von Lilou auf YouTube

YouTube-Kanal: https://www.youtube.com/liloumacefr

Interviews, die zu diesem Buch beigetragen haben
(meist auf Englisch)

Mit Mantak Chia

https://www.youtube.com/watch?v=XWwRmZ1Oncg
https://www.youtube.com/watch?v=jQ862T1VLK4
https://www.youtube.com/watch?v=XtQjoFh3PRw
https://www.youtube.com/watch?v=JXIxohioJvo
https://www.youtube.com/watch?v=9W2rY0XDevM
https://www.youtube.com/watch?v=N0Szqxcbk-8
https://www.youtube.com/watch?v=gpRNJvDlUrM (œuf de jade)

Mit Sarina Stone

https://www.youtube.com/watch?v=hv3De7sjr1g

https://www.youtube.com/watch?v=xjJ85bcxAg0 (en VF)

Mit Aisha Sieburth

https://www.youtube.com/watch?v=7DvPeK8GU5w (en VF)

https://www.youtube.com/watch?v=rCbA-JlogF4 (en VF)

https://www.youtube.com/watch?v=YcHn49OOd7s

Mit José Toirán

https://www.youtube.com/watch?v=FGRdByya-Po (en VF)

https://www.youtube.com/watch?v=1EK6Wz5Ms24

https://www.youtube.com/watch?v=7IxWbQcu4Ew (en VF)

Mit Jutta Kellenberger

https://www.youtube.com/watch?v=E_33OaWcYM8

Mit Minke de Vos

https://www.youtube.com/watch?v=5C2DGRGC8Ig

Mit Shashi Solluna

https://www.youtube.com/watch?v=8Hk7jP5HOUM

Mit Solla Pizzuto

https://www.youtube.com/watch?v=K8tF3eAkiLo

Weitere Beiträge zu diesem Buch stammen von

Corinne Léger, Osteopathin in Margaux (Gironde), praktiziert seit 1994 Osteopathie. Sie weiß unglaublich viel über energetische Heilung, Heilsteine, ätherische Öle, Kinesiologie, Sonotherapie und emotionale Homöopathie.

https://www.corinnelegerosteopathe.com

Elizabeth Beaumont ist diplomierte Gemmologin (The Gemmological Association of Great Britain, GEM-A). Sie ist außerdem Beraterin an der École de Gemmologie de Montréal. Ihre Kurse sind zertifiziert durch das CJA Accredited Appraiser Program und Gemworld International.

www.elizabethbeaumont.com

François Lehn ist Journalist und hat sich auf Gesundheitsthemen spezialisiert. Seine Website Presse Santé dient dazu, naturwissenschaftliches Wissen zugänglich zu machen. Er hat ebenfalls zu diesem Buch beigetragen.

www.pressesante.com

IM NAMEN
DES DEUTSCHEN VOLKES
VERLEIHE ICH
DEM MAJOR
HANS ULRICH RUDEL
DAS EICHENLAUB MIT
SCHWERTERN UND BRILLANTEN
ZUM RITTERKREUZ
DES EISERNEN KREUZES

FÜHRERHAUPTQUARTIER
DEN 29. MÄRZ 1944

DER FÜHRER
UND OBERSTE BEFEHLSHABER
DER WEHRMACHT